Etudes Françaises

Découvertes 3
Série verte

Grammatisches Beiheft

von
Alfred Göller und
Wolfgang Spengler

unter Mitarbeit von
Walter Hornung

ERNST KLETT VERLAG
Stuttgart Düsseldorf Leipzig

Wir sind *Finesse* und *Finaud*.

Du kennst uns schon.
Zusammen mit unserem Freund Arthur wollen wir dich wieder durch dieses Grammatische Beiheft begleiten, dir Tipps geben und dich auf Schwierigkeiten hinweisen.

Doch zunächst **einige Hinweise** für die Arbeit mit diesem Beiheft.
Du solltest es gut kennen, um damit erfolgreich arbeiten zu können.

- Das **Inhaltsverzeichnis** (S. 3–4) klärt dich über die grammatischen Schwerpunkte jeder Lektion auf.

- Wenn du einmal gezielt etwas nachschlagen möchtest, so geht das am bequemsten über das **Stichwortverzeichnis** (S. 65).

- Im **Verzeichnis der grammatischen Begriffe** (S. 61–64) findest du die Begriffe mit ihren französischen Entsprechungen und mit Beispielen.

- Und noch ein Tipp: Auf den Seiten 45–58 findest du eine **Übersicht über die wichtigsten grammatischen Inhalte sowie über alle Verben und Verbformen**, die du im Laufe der Arbeit mit *Découvertes* 3 kennen lernst oder schon kennen gelernt hast.

Hier noch einige Hinweise zu den **Paragraphen**:

Sie sind so aufgebaut, dass das grammatische Problem zunächst an **Beispielen** dargestellt wird, aus denen dann eine **Regel** abgeleitet wird.
Diese ist deutlich hervorgehoben und mit dem Symbol **R** gekennzeichnet.
Hinter einigen dieser Regeln verweisen die Symbole **R 1, R 2** usw. auf den Anhang (S. 59–60). Dort sind die wichtigsten **Regeln des Grammatischen Beihefts auf Französisch formuliert**. Manche dieser Formulierungen fassen auch zwei Regeln zusammen.

In den Paragraphen findest du noch weitere Symbole, die dir die Lektüre erleichtern sollen:

W	Wiederholung. Hier wird an bereits bekannten Stoff angeknüpft.
NEU	Hier wird anhand von Beispielen und Regeln der neue Stoff dargeboten.
	Schriftsymbol: Es weist auf die Schreibweise (das Schriftbild) von Wörtern hin.
	Aussprachesymbol: Es weist auf die Aussprache (das Lautbild) von Wörtern hin. Die Aussprache steht immer in eckigen Klammern, z. B. [artyr].

 Dieses Symbol verweist auf eine übersichtliche Zusammenfassung.

So, und nun viel Erfolg bei der Arbeit mit dem Grammatischen Beiheft.

INHALTSVERZEICHNIS

			Paragraph	Seite
LEÇON 1		Die **Bildung der Adverbien (I)**	1	5
		Adjektiv und **Adverb**	2	6
		Die **Stellung der Adverbien**	3	7
		Das *Plus-que-parfait*	4	8
LEÇON 2	A	Die Adverbien: **Steigerung und Vergleich**	5	10
	B	*avoir besoin de* qn/*avoir besoin de (faire)* qc	6	11
		Mengenadverbien: Steigerung und Vergleich	7	12
	C	Die **Demonstrativpronomen**	8	13
		Das Relativpronomen *dont*	9	14
		Das Verb *suivre*	10	15
		Das Verb *s'asseoir*	11	15
LEÇON 3	A	Die Bildung des **Futurs I**	12	16
		Der **Gebrauch des Futurs I**	13	18
		Das **Futur II**	14	19
		Der **Bedingungssatz (I)**	15	19
		si oder *quand*?	16	20
	B	Die **Bruchzahlen**	17	21
		ce qui/ce que	18	21
		Die **Bildung der Adverbien (II)**	19	22
LEÇON 4	A	*être en train de faire qc*	20	23
		Infinitivsätze mit *avant* und *après*	21	23
		Das Verb *mourir*	22	24
		Die Kombination von **zwei Objektpronomen** im Satz	23	25
		Die Kombination von **zwei Objektpronomen beim Imperativ**	24	26
	B	**Infinitivsätze** mit *pour* und *sans*	25	27
		Der **Gebrauch des Artikels bei Ländernamen**	26	28
LEÇON 5		Die Bildung des **Konditionals I**	27	30
		Die Bildung des **Konditionals II**	28	31
		Der **Gebrauch des Konditionals**	29	32
		Der **Bedingungssatz (II)**	30	32
		Adjektiv anstatt Adverb	31	34
LEÇON 6	B	Das **Relativpronomen** *lequel*	32	35
		Die **Zeitenfolge** in der indirekten Rede	33	36

trois

			Paragraph	Seite
LEÇON 7	A	Der *Subjonctif présent:* Regelmäßige Bildung (I)	34	38
		Der **Gebrauch** des *Subjonctif* (I)	35	39
	B	Der *Subjonctif présent:* Regelmäßige Bildung (II)	36	40
		Der **Gebrauch** des *Subjonctif* (II)	37	41
	C	Der *Subjonctif présent:* Sonderformen	38	42
		Der **Gebrauch** des *Subjonctif* (III)	39	43
	D	Die Verben auf *-indre*	40	44

Révisions		
	1. Der **Plural der zusammengesetzten Nomen**	45
	2. Das **Nomen: männliche und weibliche Form**	45
	3. Der **Teilungsartikel** und die **Mengenausdrücke**	46
	4. Die **Possessivbegleiter**	46
	5. Die **unbestimmten Begleiter und Pronomen**	46
	6. Form und Stellung des **Adjektivs**	47
	7. Die **unverbundenen** Personalpronomen und die **Hervorhebung**	48
	8. Die **Relativpronomen**	48
	9. Die **Präpositionen**	49
	10. **Konjunktionen**	50
	11. **Fragen** stellen	51
	12. Die **Verneinung**	51
	13. *Imparfait* und *Passé composé*	52
	14. Die **Veränderlichkeit** des *Participe passé*	52
	15. Das **Verb** und seine **Ergänzungen**	53
	16. Revision der **Verben**	54

Hauptregeln des Grammatischen Beihefts auf Französisch	59
Verzeichnis der grammatischen Begriffe	61
Stichwortverzeichnis	65

§1 Die Bildung der Adverbien (I) – La formation des adverbes (I)

Im Französischen gibt es wie im Englischen für **Adjektiv** und **Adverb** jeweils **unterschiedliche Formen**.

Cette route est **dangereuse**.	This road is **dangerous**.	Diese Straße ist	
Pierre conduit **dangereusement**.	Peter drives **dangerously**.	Peter fährt	**gefährlich**.

Im Französischen lassen sich die meisten Adverbien vom Adjektiv ableiten.
Hierzu verwendet man die Endung **-ment** (vgl. Englisch **-ly**).

Il va arriver avec le **prochain** train.
Ses amis vont arriver **prochainement**.   demnächst

Il doit prendre le **dernier** métro.
Je l'ai vu **dernièrement**.   letztens, neulich, kürzlich

Adjektiv m.	f.	Adverb
complet	complète	complètement
direct	directe	directement
long	longue	longuement
plein	pleine	pleinement
premier	première	premièrement
sérieux	sérieuse	sérieusement
normal	normale	normalement

Ausnahme! gentil, gentille → gent**i**ment

Adjektiv m.	f.	Adverb
bête	bête	bêtement
difficile	difficile	difficilement
pratique	pratique	pratiquement
provisoire	provisoire	provisoirement
terrible	terrible	terriblement

R Die meisten Adverbien werden gebildet, indem man **an die feminine Form** des Adjektivs die Endung **-ment** anhängt.
Bei den Adjektiven, die im **Maskulinum und Femininum nur eine Form** haben, wird die Endung **-ment an diese Form** angehängt.

Adjektiv m.	f.	Adverb
vrai	vraie	vraiment
joli	jolie	joliment

Ausnahme! gai, gaie → gaiement

R Bei Adjektiven, die **auf einen hörbaren Vokal (nicht -e!) enden**, wird das Adverb **von der maskulinen Form** abgeleitet.

R 1

1

Drei weitere **Sonderformen** kennst du schon.
Sie unterscheiden sich in ihrer Form
vom entsprechenden Adjektiv.

– C'était **bon**?
– Oui, j'ai **bien** mangé.

– Jean-Luc a fait du **mauvais** travail.
– C'est vrai, il a **mal** travaillé.

– Cet hôtel est **meilleur** que le premier.
– C'est vrai, on y est **mieux** servi.

Adjektiv	Adverb
bon	bien
mauvais	mal
meilleur	mieux

§ 2   Adjektiv und Adverb – L'adjectif et l'adverbe

W ● **Das Adjektiv**

Erinnere dich: Das Adjektiv *(grand, beau, froid …)* steht oft direkt bei einem Nomen, das es näher bestimmt.

C'est une *question* **difficile**.   Man nennt es dann **attributives Adjektiv**.

C'est une **belle** *chanson*.

Das Adjektiv kann auch **durch ein Verb** (meist *être*) mit dem Nomen verbunden sein.

Cette **histoire** est **intéressante**.   Dann nennt man es **prädikatives Adjektiv**.

In beiden Fällen richtet sich das Adjektiv in Genus und Numerus nach dem Nomen, auf das es sich bezieht.

R 2

NEU ● **Das Adverb**

Man muss unterscheiden zwischen **abgeleiteten** *(directement, facilement)*
und **nicht abgeleiteten** (z. B. *moins, plus, très, trop*) Adverbien.
Die **abgeleiteten** Adverbien enden auf **-ment**.
Die **nicht abgeleiteten** Adverbien nennt man auch **ursprüngliche** Adverbien.

Das Adverb kann **verschiedene Funktionen** haben:
Es dient zur näheren Bestimmung

– eines **Verbs**:   Cette année, Sylvie a *travaillé* **sérieusement**.

– eines **Adjektivs**:   Elle est **vraiment** *gentille*.

– eines anderen **Adverbs**:   Elle va venir **très** *prochainement* en Suisse.

Es kann sich auf **einen ganzen Satz** beziehen:
Exceptionnellement, *elle peut rester quatre semaines*.

Im Gegensatz zum Adjektiv ist das Adverb **unveränderlich**.

R 3

§ 3 Die Stellung der Adverbien – La place des adverbes

W In § 2 hast du erfahren, dass es **ursprüngliche** und von Adjektiven **abgeleitete** Adverbien gibt. Schauen wir uns noch einmal die **ursprünglichen** Adverbien an. Man kann sie in Gruppen einteilen:

Adverbien des Ortes	Adverbien der bestimmten Zeit	Adverbien der unbestimmten Zeit		Adverbien der Menge	Adverbien der Art und Weise
ici	aujourd'hui	après	souvent	assez	bien
là (-bas)	demain	avant	tard	beaucoup	ensemble
partout	hier	déjà	tôt	moins	mal
	maintenant	encore	toujours	peu	mieux
		longtemps	tout de suite	plus	vite
				trop	

NEU Nun zur Stellung der Adverbien. Zunächst eine wichtige Warnung: Vergleiche: Ludo regarde **souvent** des films. Ludo **often** watches films.  Im Gegensatz zum Englischen kann ein Adverb im Französischen **niemals** zwischen dem Subjekt und dem konjugierten Verb stehen.

Die folgenden Beispiele geben dir weitere Hinweise für die Stellung der Adverbien:

a) Adverbien des Ortes und der bestimmten Zeit

> **Hier**, nous avons fait une excursion en Vendée.
> **Là-bas**, il y a des jolies plages.
> J'en rêve encore **maintenant.**

R Die **Adverbien des Ortes** und der **bestimmten Zeit** stehen am **Anfang** oder am **Ende** des Satzes.

b) Adverbien der unbestimmten Zeit, der Menge und der Art und Weise

> Les enfants |regardent| **toujours** la télé. Après les cours, ils |sont| **vite** partis.
> Aujourd'hui, nous |avons| **beaucoup** travaillé. Il n'|a| **pratiquement** rien fait.
> Nous |allons| **difficilement** trouver un hôtel.

R Die Adverbien **der unbestimmten Zeit, der Menge und der Art und Weise** stehen meistens **hinter der konjugierten Verbform**.

1. Die **abgeleiteten Adverbien** können in den **zusammengesetzten Zeiten** auch **nach** dem *Participe passé* oder dem **Infinitiv** stehen:

> Nous l'|avons trouvé| **rapidement**. Nous |allons y retourner| **prochainement**.

2. Beachte **tôt, tard, avant, après** und **ensemble:**

Les garçons |sont rentrés| **tard**.	Et les filles?
Mais ils |vont se lever| **tôt**.	Elles |vont partir| **avant**?
A 8 heures, ils |vont partir| **ensemble**.	Non, elles |vont partir| **après**.

Tôt, tard, avant, après und *ensemble* stehen **immer hinter** dem *Participe passé* oder dem **Infinitiv.**

c) Satzadverbien

Exceptionnellement, *tu peux sortir jusqu'à minuit.*

Heureusement, *il y a encore un bus à cette heure-là.*

Alors, *je t'attends vers minuit et quart.*

> **R** Beziehen sich Adverbien **auf den ganzen Satz** oder **verknüpfen sie Sätze miteinander,** stehen sie meistens am **Satzanfang** und werden durch Komma abgetrennt.

§4   Das ‚Plus-que-parfait'

Für das Verständnis der Bildung des **Plus-que-parfait** sind dir deine Kenntnisse von *Passé composé* und *Imparfait* sehr nützlich.

J'	étais	**monté**	dans ma chambre.		…**war hinaufgegangen.**
Je m'	étais	**couché**	et		…hatte mich hingelegt
j'	avais	**lu**	encore un peu quand…		…hatte…gelesen, als…
	Plus-que-parfait				**Plusquamperfekt**
	Imparfait von *avoir* oder *être*	*Participe passé*			

> **R** Das **Plus-que-parfait** wird aus dem **Imparfait** von **avoir** oder **être** und dem **Participe passé** des jeweiligen Verbs gebildet.   R 4

Fanny voulait rendre visite à son amie Céline.

Elle **ne** l' avait **pas** vue depuis longtemps.   …hatte sie lange nicht mehr gesehen.
Mais **Céline** était sortie.   …war ausgegangen.

Die Stellung der **Verneinungselemente** und die Veränderlichkeit des **Participe passé** folgen denselben Regeln wie beim **Passé composé.**

Der Gebrauch des *Plus-que-parfait*

Le soir, Céline a trouvé une lettre	que Fanny **avait écrite**.
	Fanny **avait attendu** 10 minutes, puis elle **était partie**.
Quand Céline lui a téléphoné,	Fanny **s'était** déjà **couchée**.
Elle était fatiguée	parce qu'elle **s'était levée** à 5 heures.

◀───

Vergangenheit *Vorvergangenheit*
(*Passé composé* oder *Imparfait*) **(*Plus-que-parfait*)**

 Das ***Plus-que-parfait*** bezeichnet Vergangenes, das schon **vor** einem anderen Geschehen oder Zustand der Vergangenheit **abgeschlossen war** (Vorvergangenheit).

R 5

 Beachte die Zeitangaben!

Ils sont arrivés **hier**. *gestern*	→	Ils étaient arrivés **la veille.** am Vortag/tags zuvor
Ils repartent **demain**. *morgen*	→	Ils sont repartis **le lendemain.** am folgenden Tag
Aujourd'hui, ils se promènent. *heute*	→	**Ce jour-là**, ils se sont promenés. an jenem (besagten) Tag
Ce matin, ils ont visité un musée. *heute Morgen*	→	**Ce matin-là**, ils ont visité un musée. an jenem Morgen

von der Gegenwart aus gesehen	von einem Zeitpunkt der Vergangenheit aus gesehen

Hier, aujourd'hui était demain.

LEÇON 2

A §5 Die Adverbien: Steigerung und Vergleich
Les adverbes: degrés et comparaison

W Die Steigerung und den Vergleich beim Adjektiv hast du schon kennen gelernt:

Finesse est	**plus**	jolie	**que**	Finaud et
			qu'	Arthur.
Arthur est	**aussi**	joli	**que**	Finaud.
Finaud est	**moins**	joli	**que**	Finesse.
Finesse est	**la plus**	jolie.		
Finaud et Arthur sont	**les moins**	jolis.		

NEU Die Steigerung **des Adverbs** und der **Vergleich beim Adverb** erfolgen meistens **in der gleichen Weise.**

Nicole court	**plus vite**	que	Véronique.	schneller als	+
Marc et Julien ne travaillent pas	**aussi sérieusement**	que	leurs sœurs.	nicht so ernsthaft wie	=
Marc travaille	**moins souvent**	que	Julien.	weniger häufig als	−
C'est Véronique qui parle	**le plus rapidement**		des quatre.	am schnellsten	++
C'est Julien qui écrit	**le moins vite**		des quatre.	am langsamsten	−−

R Die **Steigerung (der Komparativ)** des Adverbs wird mit *plus... que* bzw. *moins... que* gebildet, der **Vergleich** mit *aussi... que*.

plus aussi moins	+ Adverb	+ que

Die **höchste Steigerungsform des Adverbs (der Superlativ)** wird mit *le plus...* bzw. *le moins...* gebildet. Diese Formen sind ebenfalls Adverbien und deshalb unveränderlich.

R 6

le plus le moins	+ Adverb

Merke: *bien* hat unregelmäßige Steigerungsformen, je nachdem, ob es nach oben oder nach unten gesteigert wird:

Pascal travaille	**bien.**				
Nicole travaille	**mieux**	que	Pascal.	besser als	+
Véronique travaille	**aussi bien**	que	Nicole.	so gut wie	=
Caroline travaille	**moins bien**	que	Nicole.	weniger gut als	−
C'est Nicolas qui travaille	**le mieux.**			am besten	++
C'est Pascal qui travaille	**le moins bien.**			am wenigsten gut/ am schlechtesten	−−

bien	mieux	le mieux
bien	moins bien	le moins bien

Merke dir noch zwei Formen, mit denen du einen hohen Steigerungsgrad ausdrücken kannst:

Il travaille	**le plus** rapidement **le moins** souvent **aussi** sérieusement **que**	**possible.**	so schnell wie möglich so selten wie möglich so ernsthaft wie möglich

B §6 ,avoir besoin de qn' / ,avoir besoin de (faire) qc'

Die Wendung **avoir besoin de qn / de qc** bedeutet „jdn. / etw. brauchen / benötigen".
Die Wendung **avoir besoin de faire qc** bedeutet „etw. tun müssen".

J'ai	besoin	d'	argent.	Ich brauche Geld.
Il a	besoin	de	livres pour travailler.	Er braucht Bücher, um zu arbeiten.
Elle a	besoin	de	lui.	Sie braucht ihn.
Je n'ai	besoin	de	rien.	Ich brauche nichts.
Il a	besoin	de	l'argent qu'il a gagné.	Er braucht das Geld, das er verdient hat.
J'ai	besoin	de	ces livres pour mes études.	Ich brauche diese Bücher für mein Studium.
Nous avons	besoin	de	nous reposer.	Wir müssen uns ausruhen.

 Nach **avoir besoin** wird die Ergänzung (Nomen / Pronomen / Verb) immer mit **de** angeschlossen. **Teilungsartikel** und **unbestimmter Artikel im Plural** entfallen.

R 7

 Hier eine **wichtige Lernhilfe:**

Steht im Deutschen nach **brauchen** ein **Begleiter**, so steht im Französischen nach dem **de** auch ein Begleiter. Steht im Deutschen nach **brauchen kein Begleiter**, so steht im Französischen nach dem **de** ebenfalls kein Begleiter.

Ich brauche		Hilfe.	J'ai **besoin d'**	aide.
Ich brauche	**die**	Hilfe meiner Eltern.	J'ai **besoin de l'**	aide de mes parents.
Ich brauche		Bücher.	J'ai **besoin de**	livres.
Er braucht	**dieses**	Buch.	Il a **besoin de ce**	livre.

onze **11**

§7 Mengenadverbien: Steigerung und Vergleich
Les adverbes de quantité: degrés et comparaison

W Du hast schon gelernt, dass im Französischen nach Mengenangaben *de* **ohne Artikel** steht.

Arthur a **trop d'**argent.

In §5 hast du die Steigerung und den Vergleich beim Adjektiv und beim Adverb wiederholt bzw. kennen gelernt.
Nun lernst du eine Besonderheit kennen, nämlich die Steigerung und den Vergleich beim Mengenadverb *beaucoup*.

NEU 1. Mengenvergleiche

Les quatre jeunes	ont **beaucoup**	d'argent.			
Olivier	a **plus**	d'argent	**que** Lisa.	hat mehr Geld als	⊕
Florian	a **autant**	d'argent	**qu'** Olivier.	hat genauso viel Geld wie	⊜
Florian	a **moins**	d'argent	**que** Charlotte.	hat weniger Geld als	⊖
C'est Charlotte qui	a **le plus**	d'argent	(des quatre).	am meisten	⊕⊕
C'est Lisa qui	a **le moins**	d'argent	(des quatre).	am wenigsten	⊖⊖

R Die Steigerungsformen von *beaucoup* heißen *plus* und *moins,* die Gleichheit wird mit *autant* ausgedrückt. Wie bei Mengenangaben wird das folgende Nomen mit *de* **ohne Artikel** und das Bezugswort mit *que* angeschlossen.
Die höchste Steigerungsstufe (Superlativ) wird mit *le plus* und *le moins* gebildet.

Merke:

Olivier a beaucoup **d'argent**?	Oui, il	**en** a beaucoup.
Il a moins **d'argent** que Lisa?	Non, il	**en** a plus que Lisa.
	Non, c'est Lisa qui	**en** a le moins des quatre.

Tu as besoin d'argent? J'en ai trop!

Wie bei allen anderen Mengenangaben kann auch hier *de* + **Nomen** durch *en* ersetzt werden.

2. Mengenangaben bei Verben

> Moi, je préfère travailler le moins possible.

Nicolas travaille | **plus** / **autant** / **moins** | **que** sa sœur.
arbeitet mehr als / arbeitet genauso viel wie / arbeitet weniger als

C'est lui qui travaille | **le plus.** / **le moins.**
am meisten / am wenigsten

R Die Mengenadverbien können **auch bei Verben** stehen.

Unterscheide: Nicolas travaille **plus que** Pascal. [plyskə]
Il a travaillé **plus de** deux heures. [plydə]

R Nur beim Vergleich stehen **plus** und **moins** mit **que**.
Bei reinen Mengenangaben ohne Vergleich steht **de**.

R 8

C §8 Die Demonstrativpronomen – Les pronoms démonstratifs

W Du kennst schon die **Demonstrativbegleiter.** Sie stehen **immer bei einem Nomen.**

	m.		f.
Sg.	**ce** taxi	**cet** homme	**cette** affaire
Pl.	**ces** résultats		**ces** lettres

ce	cet	cette
ces		

+ **Nomen**

NEU Nun lernst du die **Demonstrativpronomen** kennen.
Sie haben wie die Demonstrativbegleiter hinweisende Funktion.

Quel pull est-ce que tu mets?	**Celui-ci** ou **celui-là**?	**Diesen (hier)** oder **diesen (dort) / jenen?**
Et quelle chemise?	**Celle que** nous avons choisie ensemble?	**Dasjenige, das** wir gemeinsam ausgesucht haben?
Non,	**celle qui** est sur le lit.	… **dasjenige, das** auf dem Bett liegt.
Tu as fait tes devoirs?	**Ceux pour** demain, oui.	**Die für** morgen, ja.
Tu as trouvé les chaussures?	**Celles de** Luc? Oui, je les ai trouvées.	**Die von** Luc? Ja, die habe ich gefunden.

R Die Demonstrativpronomen heißen im Französischen ***celui/celle/ceux/celles***.
Sie stehen nie allein. Ihnen folgen entweder die Stützwörter ***-ci/-là***, ein Relativsatz mit ***qui, que, dont, où*** oder eine präpositionale Ergänzung (z. B. mit ***de***).

R 9

	m.	f.
Sg.	celui	celle
Pl.	ceux	celles

+

-ci	qui	où	de
-là	que	dont	pour

§9 Das Relativpronomen ‚dont' – Le pronom relatif ‚dont'

W Du kennst schon die Relativpronomen *qui* (Subjekt), *que* (direktes Objekt) und *où* (Ortsbestimmung).

Je cherche la fille	**qui**	vient de Berlin
et	**que**	j'ai vue hier soir à la boum.
C'est la maison	**où**	elle habite.

NEU Mit *dont* lernst du ein weiteres Relativpronomen kennen:

Les élèves de la 3ᵉ B ont envoyé une photo.		On parle souvent **de cette photo.**
Les élèves de la 3ᵉ B ont envoyé une photo	**dont**	on parle souvent. …von dem man häufig spricht.
Lisa achète le livre.		Elle a besoin **de ce livre.**
Lisa achète le livre	**dont**	elle a besoin. …das sie braucht.
Anne a une grande sœur.		Le père **d'Anne** travaille dans une banque.
Anne,	**dont**	le père travaille dans une banque, a une grande sœur. …deren Vater…
François écrit une lettre à Martina.		Il est amoureux **de Martina.**
François écrit une lettre à Martina	**dont**	il est amoureux. …in die er verliebt ist.
23 élèves sont arrivés.		**10 de ces élèves** sont des garçons.
23 élèves sont arrivés,	**dont**	10 garçons. …darunter 10 Jungen.

R *dont* vertritt **Ergänzungen mit *de*** im Relativsatz. Es bezieht sich auf **Personen** und **Sachen** im **Singular** oder **Plural**. Die Ergänzungen, die *dont* vertritt, können von einem Verb, einem Nomen, einem Adjektiv oder einem Zahlwort abhängen. Wenn auf *dont* eine **Zahlenangabe** folgt, kann der Relativsatz **ohne Verb** sein.

R 10

Dont entspricht häufig dem deutschen **dessen, deren**. In diesem Fall ergeben sich zwischen dem Französischen und dem Deutschen Unterschiede im Gebrauch des Artikels und im Satzbau.

Voilà Olivier Valborel,	**dont**	**les**	**parents** travaillent dans la publicité.
…	dessen		Eltern in der Werbebranche arbeiten.
Et ça, c'est Caroline,	**dont**		tu as cherché **la** **photo.**
…	deren		Foto du gesucht hast.

R Das Nomen, auf das sich *dont* bezieht, steht (außer bei Zahlenangaben) **immer mit einem Begleiter**, meist dem bestimmten Artikel.
Die **Wortstellung** im Relativsatz mit *dont* ist immer **Subjekt – Verb – direktes Objekt** und entspricht der Wortstellung im **Aussagesatz**.

§10 Das Verb ‚suivre'

Mit **suivre** („folgen") lernst du ein neues unregelmäßiges Verb kennen.

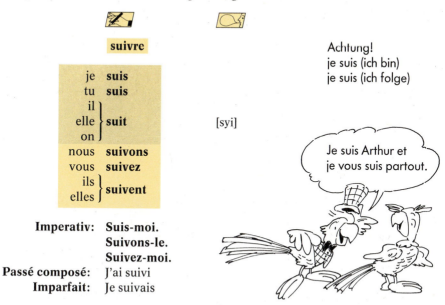

suivre	
je	**suis**
tu	**suis**
il / elle / on	**suit**
nous	**suivons**
vous	**suivez**
ils / elles	**suivent**

[syi]

Achtung!
je suis (ich bin)
je suis (ich folge)

Je suis Arthur et je vous suis partout.

Imperativ: Suis-moi.
Suivons-le.
Suivez-moi.
Passé composé: J'ai suivi
Imparfait: Je suivais

Im Gegensatz zum deutschen „folgen" wird **suivre** mit direktem Objekt gebraucht:
suivre **qn** – jemand**em** folgen.

§11 Das Verb ‚s'asseoir'

Ein weiteres unregelmäßiges Verb ist **s'asseoir** („sich setzen").

s'	asseoir	[saswar]
je **m'**	**assois**	[ʒəmaswa]
tu **t'**	**assois**	[tytaswa]
il **s'**		[ilsaswa]
elle **s'**	**assoit**	[ɛlsaswa]
on **s'**		[õsaswa]
nous nous	**asseyons**	[nunuzasejõ]
vous vous	**asseyez**	[vuvuzaseje]
ils **s'** / elles **s'**	**assoient**	[ilsaswa]

Achtung!
2. Pers. Präs.:
tu t'assois,
aber Imperativ:
Assieds-toi!

Je me suis assis et maintenant je suis assis.

Imperativ: Assieds-toi. [asjetwa]
Asseyons-nous. [asejõnu]
Asseyez-vous. [asejevu]
Passé composé: je me suis **assis**(e)
Imparfait: je m'asse**yais**

quinze **15**

LEÇON 3

A §12 Die Bildung des Futurs I – La formation du futur simple

W Du kennst schon das *Futur composé* (wörtl.: „zusammengesetzte Zukunft"):
Il va travailler.

NEU Jetzt lernst du mit dem Futur I eine zweite Zukunftsform kennen.
Man nennt sie **Futur simple** (wörtl.: *„einfache Zukunft"*),
weil sie aus einer einzigen Verbform besteht:
Il travaillera.

1. **Das Futur I der Verben auf -er**

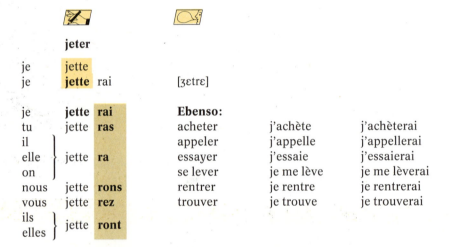

	jeter	
je	**jette**	
je	**jette** rai	[ʒɛtrə]
je	**jette rai**	**Ebenso:**
tu	jette **ras**	acheter j'achète j'achèterai
il elle on	} jette **ra**	appeler j'appelle j'appellerai
		essayer j'essaie j'essaierai
		se lever je me lève je me lèverai
nous	jette **rons**	rentrer je rentre je rentrerai
vous	jette **rez**	trouver je trouve je trouverai
ils elles	} jette **ront**	

R Das **Futur I** der Verben auf **-er** wird gebildet, indem man an die **1. Person Singular Präsens** die Futurendungen **-rai, -ras, -ra, -rons, -rez, -ront** anhängt.

R 11

Futurendung, ist ja klar: „r" plus Endung von *avoir*!

Bei Verben der **Gruppe préférer** gibt es im Futur I die Schreibweisen *je préfèrerai* und *je préférerai*. Gesprochen wird das zweite „-é-" aber immer [ɛ] [ʒəprefɛrrɛ]. Zu dieser Gruppe gehören z. B. auch *compléter, espérer* und *répéter*.

2. Das Futur I der Verben auf *-re* und *-ir*

	attend re			**fini** r		**Ebenso:**			
j'	**attend** rai [atɑ̃drɛ]		je	**fini** rai [finirɛ]					
						rendre	je	rend	**rai**
j'	attend	**rai**	je	fini	**rai**	perdre	je	perd	**rai** u.a.
tu	attend	**ras**	tu	fini	**ras**	dire	je	di	**rai**
il/elle/on	attend	**ra**	il/elle/on	fini	**ra**	mettre	je	mett	**rai**
						connaître	je	connaît	**rai**
						croire	je	croi	**rai**
nous	attend	**rons**	nous	fini	**rons**	détruire	je	détrui	**rai** u.a.
vous	attend	**rez**	vous	fini	**rez**	choisir	je	choisi	**rai**
ils/elles	attend	**ront**	ils/elles	fini	**ront**	partir	je	parti	**rai**
						ouvrir	j'	ouvri	**rai** u.a.

> **R** Das **Futur I** der Verben auf *-re* und *-ir* wird gebildet, indem man **vom Infinitiv** *-re* bzw. *-r* **wegstreicht** und dann die Futurendungen *-rai, -ras, -ra, -rons, -rez, -ront* anhängt.

R 12

3. Sonderformen

Beachte die folgenden Sonderformen:

Mit Doppel-„r"	**Mit einfachem „r"**		**Mit eingeschobenem „d"**
courir je cou**rr**ai [kurɛ]	**avoir** j' au**r**ai [ɔrɛ]	**aller** j' i**r**ai [irɛ]	**falloir** (il faut) il fau**d**ra [fodra]
pouvoir je pou**rr**ai [purɛ]	**savoir** je sau**r**ai [sorɛ]		**vouloir** je vou**d**rai [vudrɛ]
voir je ve**rr**ai [verɛ]	**être** je se**r**ai [sərɛ]		**tenir** je tien**d**rai [tjɛ̃drɛ]
envoyer j' enve**rr**ai [ɑ̃verɛ]	**faire** je fe**r**ai [fərɛ]	**devoir** je dev**r**ai [dəvrɛ]	**venir** je vien**d**rai [vjɛ̃drɛ]
	s'asseoir je m'assié**r**ai [asjerɛ]	**recevoir** je recev**r**ai [rəsəvrɛ]	**se souvenir** je me souvien**d**rai [suvjɛ̃drɛ]

Vous vous souviendrez toujours d'Arthur, le beau perroquet.

§13 Der Gebrauch des Futurs I – L'emploi du futur simple

Nachdem du die Formen des Futurs I kennen gelernt hast, sollst du erfahren, wie man sie gebraucht.

NEU

L'année prochaine, **nous irons** en France.	... **werden wir** nach Frankreich **fahren**.
Quand **Julie sera** grande, **elle s'achètera** un chien.	Wenn **Julie** groß **ist**, kauft sie sich einen Hund.
Je serai content quand **les vacances commenceront**.	Ich **bin** froh, wenn **die Ferien anfangen**.

Quand je serai grand, je m'achèterai une belle maison!

R Im Französischen verwendet man in der Regel die Zukunftsform, wenn man von einem zukünftigen Geschehen spricht. Im Deutschen gebraucht man hier meistens das Präsens.

R 13

Wenn z. B. durch eine Zeitangabe klar ist, dass es sich um die Zukunft handelt, findet man aber auch im Französischen das Präsens.

– Qu'est-ce que tu **fais samedi**?
– Je **vais** au cinéma.

Du wirst dich schon gefragt haben, warum das Französische zum Ausdruck der Zukunft zwei Formen hat, das *Futur simple* und das *Futur composé*. Hier die Antwort:

Gesprochene Sprache	Geschriebene Sprache
– Qu'est-ce qu'**on va faire** aujourd'hui? – D'abord, **on va discuter** du texte. Puis, **vous ferez** les exercices.	**Les invités arriveront** vers sept heures. A huit heures, **il y aura** un buffet. Après, on **dansera**.

R In der **gesprochenen Sprache** werden sowohl das *Futur composé* als auch das *Futur simple* verwendet. Das *Futur composé* wird bevorzugt, wenn die Vorgänge nahe bei der Gegenwart liegen.
In der **geschriebenen Sprache** bevorzugt man das *Futur simple*.

§14 Das Futur II – Le futur antérieur

1. Die Bildung des Futurs II

	Julie	**aura**	bientôt	**fini**	son travail.
A 8 heures,	elle se	**sera**		**présentée**	à son nouveau professeur.
Quand	elle	**sera**		**rentrée**.	elle regardera la télé.

wörtl.: „... wird beendet haben ..."

Futur I von *avoir / être*   *Participe passé*

> **R** Das Futur II ist wie das *Passé composé* und das *Plus-que-parfait* eine **zusammengesetzte Verbform.** Sie wird aus dem Futur I von *avoir* oder *être* und dem *Participe passé* des jeweiligen Verbs gebildet. Die Veränderung des *Participe passé* erfolgt nach den gleichen Regeln wie beim *Passé composé*.

R 14

2. Der Gebrauch des Futurs II

M. Sorel a dit à Hélène de ne pas rentrer trop tard.

A dix heures, **elle sera** sûrement **rentrée.**

wörtl.: „... wird sie sicher zurückgekehrt sein."

Quand **elle aura** tout **raconté** à son père, elle se couchera.

Wenn sie ihrem Vater alles erzählt hat ...

> **R** Das Futur II wird verwendet, wenn man annimmt, dass ein zukünftiges Geschehen **vor** einem anderen zukünftigen **Zeitpunkt** *(A dix heures)* oder **vor** einem anderen zukünftigen **Geschehen** *(... elle se couchera.)* **abgeschlossen sein wird.** Im Deutschen verwendet man in diesem Fall normalerweise das Perfekt.

R 15

§15 Der Bedingungssatz (I) – La proposition conditionnelle (I)

Ein Bedingungssatz besteht aus zwei Teilsätzen. Der **Nebensatz** drückt die **Bedingung** aus *(wenn)*, der **Hauptsatz** die **Folge**, die sich aus der Bedingung ergibt.

Nebensatz: Bedingung	Hauptsatz: Folge
Wenn du gehst,	bin ich traurig.

Wie wird nun im Französischen ein solcher Bedingungssatz gebildet?

Nebensatz: Bedingung	Hauptsatz: Folge	
Si tu **viens** tôt,	on **fera**	la cuisine ensemble.
Si tu **es** d'accord,	j' **inviterai**	aussi Brigitte.
Si + **Präsens**	**Futur I**	

R Im **si-Satz**, der eine Bedingung ausdrückt, steht das **Präsens**, im zugehörigen **Hauptsatz** steht das **Futur I**. R 16

Unterscheide:
Si elle vient, je lui offrirai une fleur   Wenn sie kommt, ...
Je me demande **si elle viendra**.   ..., **ob** sie kommt.

Merke: Nach **si** = **wenn/falls** steht nie das Futur!
Im *indirekten Fragesatz* steht nach **si** = **ob** das Futur, wenn das Geschehen in der Zukunft liegt.

§16 „si" oder „quand"? – „si" ou „quand"?

W *Si* und *quand* lassen sich beide mit „wenn" übersetzen. Wann steht nun aber *si* und wann *quand*?

NEU

Si Martine **vient**, elle m'aidera à faire mes devoirs.

Wenn (= **Falls**) Martine kommt, ...

S'il commence à pleuvoir, nous rentrerons.

Wenn (= **Falls**) es zu regnen beginnt, ...

Quand Martine **viendra**, elle m'aidera à faire mes devoirs.

Wenn (= **Sobald**) Martine kommt, ...

Quand il commencera à pleuvoir, nous rentrerons.

Wenn (= **Sobald**) es zu regnen beginnt, ...

Quand il **commence** à pleuvoir, nous rentrons toujours.

Wenn (= **Immer wenn**) es zu regnen beginnt, ...

R 1. Lässt sich „wenn" durch **„falls"** ersetzen, handelt es sich um einen **Bedingungssatz**. Dann steht im Französischen *si*.

2. Lässt sich „wenn" sinngemäß durch **„sobald"** oder **„immer wenn"** ersetzen, steht im Französischen *quand*. Wenn sich *quand* auf die Zukunft bezieht, muss danach das Futur stehen. R 17

Merke: wenn (= falls)   –   si   + Präsens
            wenn (= sobald)   –   quand + Futur
            wenn (= immer wenn) –   quand + Präsens

B §17 Die Bruchzahlen – Les fractions

W Du kennst schon die Ordnungszahlen:
    Elle est arrivée   deuxième.
    Il est en   sixième.

NEU Die **Bruchzahlen**, um die es nun geht, haben mit den Ordnungszahlen viel gemeinsam.

$\frac{1}{2}$ = un **demi**	un demi-litre		ein halber Liter	
	une demi-heure		eine halbe Stunde	
$\frac{1}{3}$ = un **tiers**	un/le **tiers des** élèves		ein Drittel der Schüler	
$\frac{1}{4}$ = un **quart**	un/le **quart des** élèves		ein Viertel der Schüler	
$\frac{1}{5}$ = un **cinquième**	un/le **cinquième des** élèves		ein Fünftel der Schüler	
$\frac{9}{10}$ = neuf dixième**s**	les neuf dixièmes **des** élèves		neun Zehntel der Schüler	

R Nur die ersten drei Bruchzahlen haben eigene Formen: *un demi, un tiers, un quart*.
Bei den weiteren Bruchzahlen hat der Nenner die gleiche Form wie die Ordnungszahl: **un cinquième**, **un sixième** usw. Beachte das Plural-*s*, wenn der Zähler größer als 1 ist: *les neuf dixièmes*.

Achtung:
die Hälfte der Schüler
= la moitié des élèves

$\frac{9}{10}$ = Zähler / Nenner

§18 ,ce qui' / ,ce que'

W Du kennst schon die Relativpronomen *qui* und *que*. *Qui* ist Subjekt, *que* ist direktes Objekt des Relativsatzes.

    C'est une chanson   **qui**   me plaît beaucoup.   (..., das ...)
    Julie est une copine   **que**   j'aime bien.   (..., die ...)

NEU Dem deutschen Relativpronomen „was" entspricht im Französischen *ce qui* und *ce que*:

    Qui a vu   **ce qui**   s'est passé?   (..., was ...)
    Marie veut savoir   **ce que**   Luc a acheté.   (..., was ...)
    Julien dit toujours   **ce qu'**   il pense.   (..., was ...)

Ce qui und *ce que* werden häufig in der **indirekten Frage nach Sachen** und in der **indirekten Rede** verwendet.

Direkte Frage	Indirekte Frage / Rede	
Serge demande à René: «Qu'est-**ce qui** te dérange?»	Serge demande à René **ce qui** le dérange.	**Subjekt** ...*was* ihn stört.
Puis, il lui demande: «Qu'est-**ce que** tu veux?»	Puis, il veut savoir **ce que** René veut.	**Direktes Objekt** ...*was* René will.

 „Was" wird in der **indirekten Frage** und in der **indirekten Rede** durch *ce qui* und *ce que* übersetzt. *Ce qui* ist Subjekt, *ce que* ist direktes Objekt. Vor vokalisch anlautenden Wörtern wird *ce que* zu *ce qu'* verkürzt.

R 18

Beachte: Bei der indirekten **Frage nach Personen** verwendet man für Subjekt und direktes Objekt dieselbe Form *qui*:

La mère de Fanny lui demande: «**Qui** est-ce qui va à la piscine avec toi?»	La mère de Fanny lui demande **qui** va à la piscine avec elle.
Puis elle demande: «**Qui** est-ce que vous allez voir après?»	Puis elle demande **qui** elles vont voir après.

Merke:

Direkte Frage		Indirekte Frage	
Qu'est-**ce qui** ...?	→	... ce qui ...	
Qu'est-**ce que** ...?	→	... ce que ...	**Sachen**
Qui est-ce qui ...?	→		
Qui est-ce que ...?	→	... qui ...	**Personen**

§19 Die Bildung der Adverbien (II) – *La formation des adverbes (II)*

 In §1 hast du die regelmäßige Bildung der Adverbien auf *-ment* kennen gelernt:
sérieux → *sérieusement, difficile* → *difficilement, vrai* → *vraiment* usw.

 In bestimmten Fällen gibt es jedoch vor der Adverbendung *-ment* Veränderungen in Aussprache und Schreibung:

Adjektiv	**Adverb**	**Ebenso:**	
Elle est méch**ante**.	Elle parle méch**amment** de tout le monde.	indépend**ant** – indépend**amment** suffis**ant** – suffis**amment**	
Elle est intellig**ente**.	Elle réagit intellig**emment**.	excell**ent** – excell**emment** prud**ent** – prud**emment**	

Adjektive, die auf *-ant* oder *-ent* enden, bilden ihr Adverb auf *-amment* und *-emment* [amã].

Merke: Einige Adjektive bilden ihr Adverb auf *-ément* [emã].
précis	→	précis**é**ment
énorme	→	énorm**é**ment
immense	→	immens**é**ment

LEÇON 4

A §20 ‚être en train de faire qc'

W Du kennst schon die Wendung *aller faire qc*, die ausdrückt, dass etwas in der Zukunft geschieht, und die Wendung *venir de faire qc*, die ausdrückt, dass man gerade etwas getan hat bzw. dass etwas sich gerade ereignet hat.

NEU Nun lernst du eine Wendung mit dem Infinitiv kennen, die sich auf die Gegenwart bezieht. Ihre Bedeutung kommt dem englischen *present continuous* („Bob is watching TV") sehr nahe.

– Que fait Marie?
– Elle **est en train de** **faire** ses devoirs.   Sie **macht gerade** ihre Hausaufgaben.
– Et Jules?
– Lui, il **est en train de** l' **aider.**   Er **ist gerade dabei** ihr **zu helfen.**

être en train de + **Infinitiv**

R Mit der Wendung *être en train de faire qc* kannst du ausdrücken, dass etwas gerade geschieht. Die **Objektpronomen** (*me/te/se/le/la/lui/nous/vous/les/leur*) sowie die **Pronomen** *y* und *en* stehen **unmittelbar vor dem Infinitiv**.

§21 Infinitivsätze mit ‚avant' und ‚après'
Les propositions infinitives avec ‚avant' et ‚après'

Im Folgenden lernst du zwei Wendungen mit dem Infinitiv kennen, die ausdrücken, **wann** etwas geschieht:

Lisa va dans le souterrain. Avant, elle met un pull.

Avant d'aller dans le souterrain, Lisa met un pull.

Bevor Lisa in den unterirdischen Gang geht,...

avant + de + Infinitiv

Lisa et Olivier restent un moment à l'entrée. Ensuite, ils avancent dans le souterrain.

Après être restés un moment à l'entrée, Lisa et Olivier avancent dans le souterrain.

Nachdem Lisa und Oliver einen Augenblick am Eingang **stehen geblieben sind,...**

Ils cherchent leurs amis et ils les retrouvent enfin.

Après avoir cherché leurs amis, ils les retrouvent enfin.

Nachdem sie ihre Freunde **gesucht haben...**

après + être / avoir + Participe passé

Infinitiv der Vergangenheit

Und hier dieselben Sätze mit Pronomen:

Avant d'**y** aller, Lisa met un pull.

Après **y** être resté **s** un moment, **ils** avancent dans le souterrain.

Après **les** avoir cherché **s,** ils les retrouvent enfin.

Bevor sie **dorthin** geht,...

Nachdem sie einen Augenblick **dort** stehen geblieben sind,...

Nachdem sie **sie** gesucht haben,...

> **R** Mit den Wendungen *avant de* + *Infinitiv* und *après* + *Infinitiv der Vergangenheit* kannst du zwei Sätze verbinden, wenn sie dasselbe Subjekt haben. Die **Objektpronomen** und die **Pronomen** *y* und *en* stehen unmittelbar **vor dem Infinitiv.**

Bei der Wendung *après* + **Infinitiv der Vergangenheit** musst du auf die Angleichung des *Participe passé* achten.
Bei **après être** richtet sich das *Participe passé* nach dem Subjekt des Hauptsatzes (*après être arrivé* **s,** **ils** ...), bei **après avoir** nach dem vorausgehenden direkten Objektpronomen (*après* **les** *avoir trouvé* **s**).

§22 Das Verb ‚mourir'

Mit *mourir* („sterben") lernst du ein neues unregelmäßiges Verb kennen.

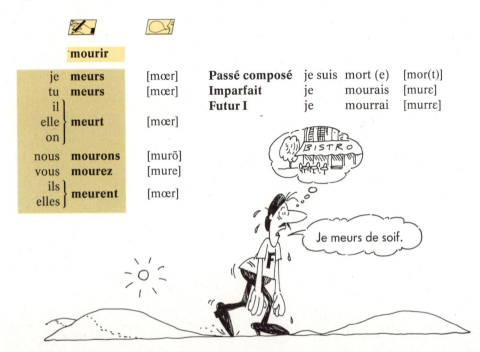

	mourir	
je	meurs	[mœr]
tu	meurs	[mœr]
il elle on	meurt	[mœr]
nous	mourons	[murɔ̃]
vous	mourez	[mure]
ils elles	meurent	[mœr]

Passé composé je suis mort (e) [mor(t)]
Imparfait je mourais [murɛ]
Futur I je mourrai [murrɛ]

Je meurs de soif.

§23 Die Kombination von zwei Objektpronomen im Satz
La combinaison de deux pronoms objets dans la phrase

W Du kennst schon die Regeln zur Stellung eines Pronomens als Objekt:

> Je **t'**appelle ce soir. Je vais **t'**appeler ce soir.
> Je **lui** pose une question. Je vais **lui** poser une question.

NEU Wenn du nun in einem Satz **zwei dieser Pronomen** kombinieren möchtest, musst du wissen, in welcher Reihenfolge sie stehen. Schau dir dazu die folgenden Beispiele an:

> – Ton père **te** donne **son ordinateur**? – Oui, il **me le** donne.
> – Il **te** donne aussi **sa voiture**? – Non, il ne **me la** donne pas.
> – Il **vous** a montré l**es photos**? – Oui, il **nous les** a montrées tout à l'heure.
> – Tu **lui** as déjà rendu **les CD**? – Non, mais je vais **les lui** rendre demain.

Hier eine erste Übersicht über die Reihenfolge dieser Pronomen im Satz:

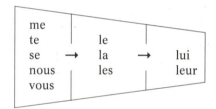

Me-te-se-nous-vous vor le-la-les setzt du. Aber lui und leur folgen hinterher!

R Zwei Objektpronomen können nur verbunden werden, wenn **eines davon** das direkte Objektpronomen **le, la** oder **les** ist. Dabei stehen die **indirekten Objektpronomen** *me/te/se/nous/vous* immer **vor den direkten** *le/la/les*. *Lui* und *leur* stehen **immer nach** *le/la/les*.

> – On **vous** a présenté **le nouveau professeur**? – Oui, on **nous l'**a présenté.
>   wem? wen?
>
> – On **vous** a présentés **au nouveau professeur**? – Non, on ne **nous** a pas
>   wen? wem? encore présentés **à lui**.

R Die **direkten** Objektpronomen *me/te/se/nous/vous* können **nie mit** *lui/leur* verbunden werden! Das indirekte Objekt *(au nouveau professeur)* wird in diesen Fällen durch **à** + **unverbundenes Personalpronomen** *(à lui, à elle, à eux* usw.*)* ersetzt und steht nach der Verbform.

R 19

Kommen wir nun zu **y** und **en,** den sogenannten **Adverbialpronomen**[1].

– Il t'a déjà parlé de son accident? – Oui, il **m'en** a parlé hier soir.

– Il y avait des personnes qui ont vu l'accident? – Oui, il **y en** avait cinq.

  Die **Adverbialpronomen** *y* und *en* stehen immer nach den Objektpronomen.
Zusammen treten *y* und *en* nur in der Wendung *il y en a* auf. Dabei steht *y* vor *en*.   R 20

 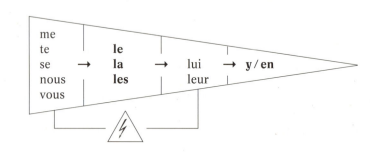

§24 Die Kombination von zwei Objektpronomen beim Imperativ
La combinaison de deux pronoms objets dans la phrase impérative

W Du hast bereits gelernt, dass beim bejahten Imperativ die Pronomen hinter dem Verb stehen und dass *me* und *te* zu *moi* und *toi* werden: **Regarde-moi. – Repose-toi.**

NEU Schau dir die folgenden Beispiele mit **zwei Pronomen** an:

– Tu connais la corres de Nathalie? – Non, mais **présente-la-moi.**

– Je la présente aussi à tes parents? – Bien sûr. **Présente-la-leur.**

– Je leur parle aussi de la visite en Allemagne? – Pourquoi pas? **Parle-leur-en.**

R Beim **bejahten Imperativ** stehen die direkten Objektpronomen *le/la/les* immer **vor** den indirekten *moi/toi/lui/nous/vous/leur.*
En steht immer nach dem Objektpronomen. Verbform und Pronomen werden durch Bindestriche verbunden.

 Vor *en* werden *moi* und *toi* zu *m'* und *t'* verkürzt: *Donne-m'en.*

---

[1] In manchen Grammatiken findest du für das Adverbialpronomen auch den Begriff **Pronominaladverb**.

Die nächsten Beispiele zeigen dir die Stellung der Pronomen beim **verneinten Imperativ:**

– Je leur parle aussi de la fête ce soir? – Non, ne **leur en** parle pas encore.

– Je te rends déjà les cahiers? – Non, ne **me les** rends pas encore.
Je n'en ai pas encore besoin.

> **R** Beim **verneinten Imperativ** stehen die Objekt- und Adverbialpronomen an der gleichen Stelle wie im **Aussagesatz** (vgl. das Dreieck in § 23).
> Die Pronomen der ersten und zweiten Person heißen hier natürlich *me* und *te*.   **R 21**

Présente-la-moi.   Stell sie mir vor!
Présente-moi à elle.   Stell mich ihr vor!
Présente-moi à elles / eux.   Stell mich ihnen vor!

Auch beim Imperativ kann man die direkten Objektpronomen
me (moi) / te (toi) / nous / vous **nicht mit** den indirekten
Objektpronomen *lui / leur* kombinieren.

B § 25 Infinitivsätze mit ‚pour' und ‚sans'
Les propositions infinitives avec ‚pour' et ‚sans'

W In § 21 hast du zwei Wendungen mit dem Infinitiv kennen gelernt, die ausdrücken, **wann** etwas geschieht.

NEU 1. In den folgenden beiden Beispielen lernst du eine Wendung kennen, mit der man eine **Absicht** ausdrücken kann.

Le professeur **veut** leur **donner** plus d'informations. Il leur apporte une photo.	**Pour** leur **donner** plus d'informations, le professeur leur apporte une photo.	**Um** ihnen mehr Informationen **zu geben**,…
Lisa **ne veut pas être** trop fatiguée à l'arrivée. Alors, elle dort dans le car.	**Pour ne pas être** trop fatiguée à l'arrivée, Lisa dort dans le car.	**Um** bei der Ankunft **nicht** zu müde **zu sein**,…

pour + **Infinitiv**

vingt-sept **27**

2. Schließlich gibt es noch eine Wendung mit dem Infinitiv, die die **Art und Weise** wiedergibt:

Julien sort de sa chambre. Il **ne fait pas de** bruit.	Julien sort de sa chambre **sans faire** de bruit.	Julien verlässt sein Zimmer **ohne** Lärm **zu machen.**
A 16 heures, Marie rentre. Elle **n'a pas fait** les courses.	A 16 heures, Marie rentre **sans avoir fait** les courses.	Um 16 Uhr kommt Marie nach Hause **ohne** eingekauft **zu haben.**

sans + Infinitiv
sans + Infinitiv der Vergangenheit

> **R** Die Wendungen *pour faire qc* und *sans faire qc* verbinden zwei Sätze mit gleichem Subjekt. Bei *pour faire qc* steht die **Verneinung** (hier: *ne pas*) **geschlossen vor dem Infinitiv.** Für die Stellung der Pronomen gelten die gleichen Regeln wie bei den anderen Wendungen mit dem Infinitiv.

R 22

Pour ne pas faire de bruit …

§26 Der Gebrauch des Artikels bei Ländernamen
L'emploi de l'article avec les noms de pays

Im Französischen gibt es **maskuline** und **feminine Ländernamen.** Sie stehen in der Regel **mit dem Artikel.**

J'aime **la France.**   **Le Danemark** est un beau pays.

Wenn du ein Land als **Ziel** (Frage: wohin?), als **Aufenthaltsort** (Frage: wo?) oder als **Herkunftsort** (Frage: woher?) angeben möchtest, musst du auf einige Besonderheiten achten.

1.

Je vais … / J'habite …   Ich gehe / fahre nach … / Ich wohne in …

f.		m.	Plural
en France. **en** Belgique.	**en** Allemagne. **en** Autriche. **en** Espagne.	**au** Danemark. **au** Luxembourg. **au** Portugal.	**aux** Pays-Bas.

> **R** Willst du ein Land als **Ziel** (Wohin?) oder als **Aufenthaltsort** (Wo?) angeben, so steht bei den **femininen** Ländernamen *en* **ohne Artikel**, bei den **maskulinen** Ländernamen sowie bei den Ländernamen im Plural *à* + **Artikel** *(au/aux)*.

R 23

2.

	Je viens...		Ich komme aus...
f.		**m.**	**Plural**
de France. **d'**Allemagne.		**du** Danemark.	**des** Pays-Bas.
de Belgique. **d'**Autriche.		**du** Luxembourg.	
	d'Espagne.	**du** Portugal.	

> Willst du ein Land als **Herkunftsort** (Woher?) angeben, so steht bei den **femininen** Ländernamen **de/d'** ohne Artikel, bei den **maskulinen** Ländernamen sowie bei den Ländernamen im Plural **de** + **bestimmter Artikel** *(du/des)*.   R 24

Hier eine Zusammenfassung des Artikelgebrauchs bei Ländernamen:

Ländername ist feminin	Ländername ist maskulin	Ländername steht im Plural
Je vais en France.	Je vais au Portugal.	Je vais aux Pays-Bas.
Je viens de France.	Je viens du Portugal.	Je viens des Pays-Bas.

Ja, ja. Oui, oui.

Dis-moi, Finesse, **il est Allemand,** Arthur?

Mais non. Arthur, c'est un Français, mais il parle allemand et français.

Schreib den Einwohner groß, die Sprache klein, so wird es immer richtig sein.

> Nur nach *c'est* steht vor der Bezeichnung der Nationalität der unbestimmte Artikel:
> ***C'est un Français.***
> Die Bezeichnung der Sprache schreibt man klein:
> ***Il parle allemand.***

LEÇON 5

§ 27 Die Bildung des Konditionals I
La formation du conditionnel présent

W Aus § 12 kennst du schon die Bildung des **Futurs I**:

Ausgangsform		Endung	
Verben auf ‚-er': 1. Pers. Sg. Präs.	j' achète -	-rai	
Verben auf ‚-re' und ‚-ir': Infinitiv verkürzt um -re / -r	j' attend - je fini -	-rai- -rai-	-r + Präsens(endungen) von *avoir*
Sonderformen, z. B.	je pour -	-rai-	

NEU Betrachte nun das folgende Beispiel mit dem **Konditional I**:

A ta place, **j'achète – rais** une mobylette. …würde ich ein Mofa kaufen.

Das **Konditional I** hat die **gleiche Ausgangsform wie das Futur I** der jeweiligen Verben.
Es **unterscheidet** sich vom Futur I **nur** durch die **Endungen**.
Schau dir die einzelnen Formen in der Übersicht an.
Woran erinnern dich die Endungen des Konditionals?

	acheter			attendre			finir	
j'	achète **rais**	[aʃɛtrɛ]	j'	attend **rais**	[atɑ̃drɛ]	je	fini **rais**	[finirɛ]
tu	achète **rais**		tu	attend **rais**		tu	fini **rais**	
il elle on }	achète **rait**		il elle on }	attend **rait**		il elle on }	fini **rait**	
nous	achète **rions**	[aʃətərjɔ̃]	nous	attend **rions**		nous	fini **rions**	
vous	achète **riez**	[aʃətərje]	vous	attend **riez**		vous	fini **riez**	
ils elles }	achète **raient**	[aʃɛtrɛ]	ils elles }	attend **raient**		ils elles }	fini **raient**	

Sicher kommen dir diese Endungen bekannt vor. Warum? Vergleiche in der folgenden Tabelle einmal die Endungen des Konditionals I mit denen des *Imparfait*:

	1. Pers. Sg.	3. Pers. Sg.	1. Pers. Pl.	
Imparfait:	j'achet - **ais**	il achet - **ait**	nous achet - **ions**	
Konditional I:	j'achète-**r**- **ais**	il achète-**r**- **ait**	nous achète-**r**- **ions**	usw.

R Das **Konditional I** wird gebildet, indem man an die jeweilige Ausgangsform die Endungen *-rais, -rais, -rait, -rions, -riez, -raient* anhängt.
Diese Endungen bestehen aus **r** + Endungen des *Imparfait*.

R 25

Wie beim Futur I gibt es auch beim **Konditional I** eine Reihe von **Sonderformen** (vgl. § 12.3):

	courir		**avoir**		**aller**		**falloir** (il faut)
je	cou**r**rais	j'	au**r**ais	j'	i**r**ais	il	fau**d**rait
	[kurɛ]		[ɔrɛ]		[irɛ]		[fodrɛ]
	pouvoir		**savoir**				**vouloir**
je	pou**r**rais	je	sau**r**ais			je	vou**d**rais
	[purɛ]		[sorɛ]				[vudrɛ]
	voir		**être**				**tenir**
je	ver**r**ais	je	se**r**ais			je	tien**d**rais
	[vɛrɛ]		[sərɛ]				[tjɛ̃drɛ]
	envoyer		**faire**		**devoir**		**venir**
j'	enve**r**rais	je	fe**r**ais	je	dev**r**ais	je	vien**d**rais
	[ãvɛrɛ]		[fərɛ]		[dəvrɛ]		[vjɛ̃drɛ]
	mourir		**s'asseoir**		**recevoir**		**se souvenir**
je	mou**r**rais	je	m'assié**r**ais	je	recev**r**ais	je	me souvien**d**rais
	[murɛ]		[asjerɛ]		[rəsəvrɛ]		[suvjɛ̃drɛ]

§28 Die Bildung des Konditionals II
La formation du conditionnel passé

Das **Konditional II** wird ganz ähnlich gebildet wie das **Futur II** (vgl. § 14):

Tu	**aurais**		**pu**	réveiller Charlotte.	…hättest…wecken können.
Comme ça, elle se	**serait**		**levée**	plut tôt,	…wäre…aufgestanden
et elle ne	**serait**	pas	**partie**	si tard.	…wäre…gegangen.

Konditional I von *avoir/être*	+	Participe passé

 Das Konditional II ist wie das Futur II eine **zusammengesetzte** Verbform. Sie wird aus dem Konditional I von *avoir* oder *être* und dem *Participe passé* des jeweiligen Verbs gebildet. Die Veränderung des *Participe passé* erfolgt nach den gleichen Regeln wie beim *Passé composé*.

R 26

5

§ 29 Der Gebrauch des Konditionals – L'emploi du conditionnel

Eine wichtige Funktion des Konditionals ist es, die Einstellung des Sprechers zum Gesagten auszudrücken. In der Grammatik spricht man von einem **Modus,** von der **modalen Funktion.**

1. Der Gebrauch des Konditionals I

– Avec ce vélo, on n'**irait** pas très loin. ... kämen wir ... nicht weit.
A ta place, **j'achèterais** un vélo moderne. ... würde ich ... kaufen.
Comme ça, **on pourrait** enfin **faire** des longues ... könnten wir ... machen.
promenades ensemble.

– **J'aimerais** bien avoir un nouveau vélo, Ich hätte gern ...
mais j'ai des problèmes d'argent.
Pourrais-tu attendre encore un peu? Könntest du ...?

> **R** Das **Konditional I** drückt eine **Vermutung,** einen **Ratschlag,** eine **Möglichkeit,** einen **Wunsch** oder ein höfliche **Bitte** aus.

R 27

2. Der Gebrauch des Konditionals II

A ta place, je ne **serais** pas **allé(e)** à la montagne. ... wäre ich nicht ... gefahren.
J'aurais passé mes vacances à la mer. Ich hätte ... verbracht.

> **R** Mit dem **Konditional II** drückt man aus, dass ein Geschehen in der Vergangenheit unter bestimmten Umständen hätte stattfinden können.

§ 30 Der Bedingungssatz (II) – La proposition conditionnelle (II)

W Eine Art von Bedingungssätzen kennst du schon aus § 15:

Si tu veux, on pourra faire ça ensemble.
Si tu m'aides, ça ira plus vite.

In diesen Beispielen wird die Erfüllung der Bedingung für **möglich** oder **wahrscheinlich** gehalten. Man spricht deshalb von **realen Bedingungssätzen.**

NEU 1. Wie sieht nun ein Bedingungssatz aus, wenn die Erfüllung der Bedingung für **unmöglich** oder **wenig wahrscheinlich** gehalten wird? Schau dir die folgenden Beispiele an:

Nebensatz: Bedingung			Hauptsatz: Folge			
Si	j'	**étais**	une star,	on m'	**admirerait.**		Wenn ich ein Star **wäre,** würde man mich bewundern.
Si	mon père	**arrêtait**	de fumer,	ma mère	**serait**	contente.	Wenn ... aufhören **würde,** wäre meine Mutter froh.
Si	+	*Imparfait*			**Konditional I**		

32 trente-deux

Du siehst an diesen Beispielen, dass sich die Bedingung auf die Gegenwart *(Si j'étais...)* oder auf die Zukunft *(Si mon père arrêtait...)* beziehen kann. Die Erfüllung der Bedingung wird hier für **unmöglich** oder **unwahrscheinlich** gehalten. Man spricht hier deshalb von **irrealen Bedingungssätzen.**

> **R** Für den irrealen Bedingungssatz gilt als Hauptregel:
> Im **si-Satz** steht das *Imparfait*,
> im zugehörigen **Hauptsatz** das **Konditional I.**

Wenn man einen **Vorschlag** machen möchte, verwendet man im Französischen oft einen **si-Satz** mit dem *Imparfait* ohne nachfolgenden Hauptsatz:

Si on faisait une promenade?	Wie wäre es, wenn...?
Et **si on allait voir** Olivier?	Und wenn wir... würden?

2. Ein irrealer Bedingungssatz kann sich auch auf die Vergangenheit beziehen:

Nebensatz: Bedingung	*Hauptsatz: Folge*	
Si Jean **avait trouvé** de l'eau,	il **aurait pu** arroser ses plantes.	...hätte er... gießen können.
S' il les **avait arrosées,**	les plantes **auraient poussé.**	...wären... gewachsen.
Si + *Plus-que-parfait*	**Konditional II**	

> **R** Für den irrealen Bedingungssatz, der sich auf die **Vergangenheit** bezieht, gilt als Hauptregel: Im **si-Satz** steht das *Plus-que-parfait,* im zugehörigen **Hauptsatz** steht das **Konditional II.**

R 28

Merke:
Nach *si* = wenn / falls steht kein Futur
und kein Konditional!

§ 31 Adjektiv anstatt Adverb – L'adjectif à la place d'un adverbe

W Aus § 1 und § 19 kennst du schon die Unterschiede zwischen Adjektiv und Adverb in Formen und Gebrauch. Im Französischen gibt es hierbei eine Besonderheit, mit der wir uns jetzt beschäftigen wollen.

NEU
- Anne, tu **parles** trop **bas**.
- Cette tarte **sent bon**.
- Tu **chantes faux**.

- Alors je vais **parler plus fort / haut**.
- Mais elle **coûte** trop **cher**.
- Bon, j'essaie de **chanter juste**.

R In einigen festen Wendungen verwendet man das **Adjektiv in der Funktion eines Adverbs**. Deshalb bleibt das Adjektiv hier **unverändert**.

Merke:

parler haut / fort	laut sprechen	sentir bon	gut riechen
parler bas	leise sprechen	sentir mauvais	schlecht riechen
		acheter cher	teuer kaufen
chanter juste	richtig singen	vendre cher	teuer verkaufen
chanter faux	falsch singen	coûter cher	teuer sein / viel kosten

Kein Problem!
Das kenn' ich schon aus dem Englischen:
to speak loud / low,
to buy cheap,
to smell good.

LEÇON 6

B § 32 Das Relativpronomen „lequel" – Le pronom relatif „lequel"

W Du kennst schon die Relativpronomen *qui, que* und *dont*.

«Jean de Florette» est un roman **qui** nous conduit dans le Midi. **Wer? Was?**
L'histoire **que** Pagnol nous raconte finit mal. **Wen? Was?**
Jean Cadoret, **dont** la mère s'appelait Florette, meurt à la fin. **Wessen?**

NEU Mit *lequel* lernst du ein weiteres Relativpronomen kennen.

C'était	un été	**pendant**	**lequel**	le soleil brûlait du matin au soir.
Jean avait	une maison	**à côté de**	**laquelle**	il y avait une citerne.
Il aimait	ces fruits	**pour**	**lesquels**	il avait beaucoup travaillé.
Il attendait	les pluies	**sans**	**lesquelles**	ses plantes mourraient.

R Die Relativpronomen **lequel, laquelle, lesquels, lesquelles** beziehen sich in der Regel auf **Sachen** und richten sich in **Genus und Numerus** nach dem **Beziehungswort**. Sie stehen **nach Präpositionen** *(pendant, pour, sans ...)* und nach **präpositionalen Ausdrücken** *(à côté de, grâce à, près de, ...)*.

R 29

Wenn das Beziehungswort eine **Person** bezeichnet, so steht in der Regel Präposition + *qui*:

Ugolin admirait Attilio **avec qui** il avait visité les champs d'œillets.
(Vgl. Bd. II § 48.)

Beachte folgende Besonderheit:

Les plantes **auxquelles** Ugolin s'intéresse le plus sont les œillets.
        (= **à** + lesquelles)

Le jardin **près duquel** se trouve la citerne a besoin d'eau.
        (= **de** + lequel)

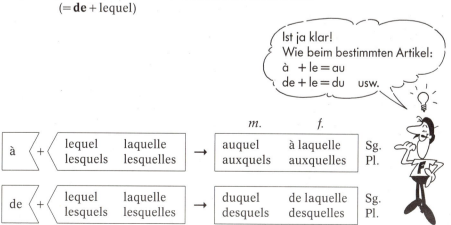

Ist ja klar!
Wie beim bestimmten Artikel:
à + le = au
de + le = du   usw.

				m.	f.	
à	+	lequel laquelle	→	auquel	à laquelle	Sg.
		lesquels lesquelles		auxquels	auxquelles	Pl.
de	+	lequel laquelle	→	duquel	de laquelle	Sg.
		lesquels lesquelles		desquels	desquelles	Pl.

trente-cinq **35**

Unterscheide:

Voilà le jardin de Jean Cadoret. **Près** **de ce jardin** se trouve la citerne.
Voilà le jardin de Jean Cadoret **près** **duquel** se trouve la citerne.
Voilà le jardin de Jean Cadoret. Les plantes **de ce jardin** ont besoin d'eau.
Voilà le jardin de Jean Cadoret **dont** les plantes ont besoin d'eau.

Die Formen **duquel, de laquelle** usw. werden nur gebraucht, wenn der *de*-Ergänzung *(de ce jardin)* eine Präposition *(près)* vorausgeht. Einfache Ergänzungen mit *de* *(les plantes de ce jardin)* werden durch **dont** vertreten (vgl. § 9).

| Zusammen-fassung | Sache | + | Präposition | + | lequel laquelle lesquels lesquelles |

---

§ 33 Die Zeitenfolge in der indirekten Rede
La concordance des temps dans le dicours indirect

W   Du hast schon gelernt, wie man die **direkte Rede/Frage** in **indirekter Rede/Frage** wiedergibt, wenn das redeeinleitende Verb im Präsens steht:

Direkte Rede/Frage   **Indirekte Rede/Frage**

> Redeeinleitendes Verb
> im **Präsens**

Frédéric **dit**:   Frédéric **dit** …
« La BD, **c'est notre** passion. »   … **que** la BD **est leur** passion.

Steht das redeeinleitende Verb im **Präsens** (hier: *Frédéric dit*…), so steht das Verb im Nebensatz (hier: … *que la BD est* …) im **gleichen Tempus** wie in der direkten Rede.

NEU   Steht aber das redeeinleitende Verb in einer Zeit der **Vergangenheit** (z. B. Il **a dit**…, Elle **avait demandé**…), so musst du einige Besonderheiten beachten.

Direkte Rede/Frage   **Indirekte Rede/Frage**

> Redeeinleitendes Verb
> in der **Vergangenheit**

Frédéric **a dit**:   Frédéric **a dit** …
« La BD, **c'est notre** passion. »   … **que** la BD **était leur** passion.

Il **a demandé**:
«Sarah, **tu as** déjà **visité** le musée de la BD?»

«**Tu vas** le visiter avec **moi demain**?»

«Qu'est-**ce qu'on fera** quand **on sera rentrés**?»

Il **a demandé**…
… **si** Sarah **avait** déjà **visité** le musée de la BD.

… **si elle allait** le visiter avec **lui le lendemain**.

… **ce qu'ils feraient** quand **ils seraient rentrés**.

> Steht in der indirekten Rede/Frage der redeeinleitende Satz in einer **Zeit der Vergangenheit**, so ergeben sich im Nebensatz folgende **Tempusverschiebungen** gegenüber der direkten Rede/Frage:
>
> | Direkte Rede/Frage | | Indirekte Rede/Frage | |
> |---|---|---|---|
> | **Präsens** | → | **Imparfait** | (ét**ait**) |
> | **Passé composé** | → | **Plus-que-parfait** | (av**ait** visité) |
> | **Futur I** | → | **Konditional I**¹ | (fer**aient**) |
> | **Futur II** | → | **Konditional II** | (ser**aient** rentrés) |

R 30

In der indirekten Rede verschieben sich auch die **Pronomen** und **Possessivbegleiter** (*moi* → *lui*, *notre* → *leur*, vgl. Bd. II, § 16). Steht der redeeinleitende Satz in einer Zeit der Vergangenheit, so entspricht die Verschiebung der **Zeitangaben** (*demain* → *le lendemain*) der Verschiebung beim *Plus-que-parfait* (vgl. § 4, S. 9).

Merke:

Steht der **redeeinleitende Satz** in der **Vergangenheit**, so endet das konjugierte **Verb im Nebensatz** immer auf *-ais, -ais, -ait, -ions, -iez, -aient*.

Trägt das konjugierte Verb in der direkten Rede schon diese Endungen, so findet keine Tempusverschiebung statt. Also:

Imparfait	bleibt	**Imparfait**
Plus-que-parfait	bleibt	**Plus-que-parfait**
Konditional I/II	bleibt	**Konditional I/II**

Die Zeitenfolge gilt nicht nur in der indirekten Rede, sondern auch in anderen Nebensätzen mit *que*:

Je pense que le musée est fermé.
Je pensais que le musée était fermé.

---

[1] Anders als in § 29 hat das Konditional I und II hier keine *modale*, sondern eine *zeitliche* Funktion. Es bezeichnet die Zukunft aus dem Blickwinkel der Vergangenheit.

LEÇON 7

A § 34 Der „Subjonctif présent": Regelmäßige Bildung (I)
Le subjonctif présent: formation régulière (I)

W In § 29 hast du schon gelernt, dass die Verbformen außer der Zeit auch die Einstellung des Sprechers zum Gesagten wiedergeben. In der Grammatik sprechen wir von **Modus**.

NEU Zu den **Modi** (Aussageweisen) gehören das Konditional, der Imperativ, der Indikativ (die „Wirklichkeitsform") und der **Subjonctif**. Sieh dir das folgende Beispiel an:

Papa **veut que** nous **rentrions** plus tôt.   Papa möchte, dass wir früher heimkommen.

Wie du siehst, steht der *Subjonctif* in Nebensätzen, die mit *que* eingeleitet werden. Zunächst wollen wir uns aber mit der Bildung des *Subjonctif* beschäftigen.

1. Der *Subjonctif présent* der Verben auf *-er*, *-re* und *-ir*:

		rentrer	attendre	finir	sortir
3. Pers. Pl. Präs. Ind.	ils	**rentr** ent	ils **attend** ent	ils **finiss** ent	ils **sort** ent
Il veut que	je	**rentr** e	j' **attend** e	je **finiss** e	je **sort** e
que je/j'		rentr e	attend e	finiss e	sort e
que tu		rentr es	attend es	finiss es	sort es
qu' il					
Il veut qu' elle		rentr e	attend e	finiss e	sort e
qu' on					
que nous		rentr ions	attend ions	finiss ions	sort ions
que vous		rentr iez	attend iez	finiss iez	sort iez
qu' ils					
qu' elles		rentr ent	attend ent	finiss ent	sort ent

R Der *Subjonctif* wird vom **Stamm der 3. Person Plural Präsens Indikativ** abgeleitet. Die **Endungen** des *Subjonctif* lauten **-e, -es, -e, -ions, -iez, -ent**.

R 31

Achtung: ils **cri**-ent → que nous **cri**-ions!

Merke:
In der **1. und 2. Person Plural** entsprechen die Endungen des *Subjonctif* denen des *Imparfait*.
Bei allen anderen Personen des *Subjonctif* entsprechen die **Endungen** denen des **Präsens der Verben auf *-er***.

2. Auch viele **unregelmäßige Verben** leiten den *Subjonctif* von der 3. Person Plural Präsens Indikativ ab. Hier einige Beispiele:

	dire	écrire	mettre	courir
3. Pers. Pl. Präs. Ind.	ils **dis** ent	ils **écriv** ent	ils **mett** ent	ils **cour** ent
Il veut que je/j'	**dis** e	**écriv** e	**mett** e	**cour** e
Il veut que nous	**dis** ions	**écriv** ions	**mett** ions	**cour** ions

	ouvrir	conduire	connaître	plaire
3. Pers. Pl. Präs. Ind.	ils **ouvr** ent	ils **conduis** ent	ils **connaiss** ent	ils **plais** ent
Il veut que je/j'	**ouvr** e	**conduis** e	**connaiss** e	**plais** e
Il veut que nous	**ouvr** ions	**conduis** ions	**connaiss** ions	**plais** ions

§35 Der Gebrauch des ‚Subjonctif' (I) – L'emploi du subjonctif (I)

Nach bestimmten Verben **muss** im Nebensatz mit *que* automatisch der *Subjonctif* stehen. Man nennt diese Verben *Subjonctif*-**Auslöser**. Sieh dir die folgenden Beispiele an:

Les parents de Fanny	**veulent**	qu'	elle	**dise**	toujours où elle va.
Ils	**demandent**	qu'	elle	**rentre**	avant dix heures.
Fanny:	«J' **aimerais**	que	vous me	**laissiez**	un peu plus de liberté.»
	«Je **propose**	que	nous	**discutions**	de ce problème.»

Der *Subjonctif* steht **nach Verben der Willensäußerung** (etwas wollen, erwarten, vorschlagen, erlauben usw.).

Merke: | vouloir | + | que | + | Subjonctif |

Zu diesen Verben gehören unter anderen:

vouloir que	wollen	désirer que	wünschen
accepter que	akzeptieren	empêcher que	verhindern
aimer que	mögen	interdire que	verbieten
aimer mieux que	lieber mögen	permettre que	erlauben
attendre que	erwarten/warten	préférer que	vorziehen
demander que	verlangen	proposer que	vorschlagen
		il faut que	man muss

Nach *espérer que* steht jedoch der **Indikativ!**

J'espère que tu	**dis** maintenant	la vérité.
	as dit hier	
	diras demain	

B §36 Der ‚Subjonctif présent': Regelmäßige Bildung (II)
Le subjonctif présent: formation régulière (II)

W Wie du weißt, gibt es Verben, die in der 1. und 2. Person Plural Präsens Indikativ einen **anderen Stamm** haben als in der 3. Person Plural.
So zum Beispiel die Verben *prendre* und *venir*:

prendre:	nous **pren**ons	/ vous **pren**ez	/ ils **prenn**ent
venir:	nous **ven**ons	/ vous **ven**ez	/ ils **vienn**ent

NEU Diese Verben behalten ihre unterschiedlichen Stämme auch in den Formen des *Subjonctif*:

prendre

Ausgangsform			Subjonctif					Ebenso:
			Il veut					
ils	prennent	→	que	je	**prenn**	e	[prɛn]	apprendre
nous	**pren** ons	→	que	nous	**pren**	ions	[prənjɔ̃]	comprendre
vous	**pren** ez	→	que	vous	**pren**	iez	[prənje]	surprendre usw.
ils	prennent	→	qu'	ils	**prenn**	ent	[prɛn]	

Weitere Beispiele zum *Subjonctif* dieser Verbgruppe:

		venir		**recevoir**		**acheter**	
	que je/j'	vienne	[vjɛn]	reçoive	[rəswar]	achète	[aʃɛt]
Il veut	que nous	**ven** ions	[vənjɔ̃]	**recev** ions	[rəsəvjɔ̃]	**achet** ions	[aʃtjɔ̃]
	que vous	**ven** iez	[vənje]	**recev** iez	[rəsəvje]	**achet** iez	[aʃtje]
	qu' ils/elles	viennent	[vjɛn]	reçoivent	[rəswav]	achètent	[aʃɛt]
Ebenso:		revenir, tenir		décevoir, devoir		se lever, se promener	

		jeter		**espérer**		**voir**	
	que je/j'	jette	[ʒɛt]	espère	[ɛspɛr]	voie	[vwa]
Il veut	que nous	**jet** ions	[ʒətjɔ̃]	**espér** ions	[ɛsperjɔ̃]	**voy** ions	[vwajɔ̃]
	que vous	**jet** iez	[ʒətje]	**espér** iez	[ɛsperje]	**voy** iez	[vwaje]
	qu' ils/elles	jettent	[ʒɛt]	espèrent	[ɛspɛr]	voient	[vwa]
Ebenso:		appeler		préférer, répéter, compléter u. a.		croire, employer, payer u. a.	

> Wie im *Imparfait*: Schreibung **-yi-** bei *nous* und *vous*!

			s'asseoir[1]		boire		mourir	
Il veut	que	je	m'	**assey**e [asɛj]	boive	[bwav]	meure	[mœr]
	que	nous	nous	**assey**ions [asɛjɔ̃]	**buv**ions	[byvjɔ̃]	**mour**ions	[murjɔ̃]
	que	vous	vous	**assey**iez [asɛje]	**buv**iez	[byvje]	**mour**iez	[murje]
	qu'	ils/elles	s'	**assey**ent [asɛj]	boivent	[bwav]	meurent	[mœr]

 Verben, die in der **1. und 2. Person Plural Präsens** des Indikativs *(nous pren̲ons, vous pren̲ez)* **einen anderen Stamm** haben als in der 3. Person Plural *(ils pren̲nent)*, **behalten** diesen auch in der 1. und 2. Person Plural des *Subjonctif (que nous pren̲ions, que vous pren̲iez)*. Die übrigen *Subjonctif*-Formen haben den gleichen Stamm wie die 3. Person Plural des Indikativs.

§37 Der Gebrauch des ‚Subjonctif' (II) – L'emploi du subjonctif (II)

Nun lernst du eine zweite Gruppe von **Subjonctif-Auslösern** kennen.
Sieh dir dazu die folgenden Beispiele an:

Claudine pense:

Je suis contente	que	mon jeu	**plaise** aux gens.
C'est curieux	qu'	on	**voie** ici des camions la nuit.
Cela m'amuserait	que	nous les	**suivions.**
Je regrette	que	Maman	**dise** non.
C'est une chance	que	nous	**habitions** près d'ici.

 Der *Subjonctif* steht **nach Verben und Ausdrücken des subjektiven Empfindens** und der **wertenden Stellungnahme** (Freude, Trauer, Gefallen, Missfallen, Angst, Überraschung usw.).

---

[1] Beim Verb *s'asseoir* haben alle Personen im *Subjonctif* den Stamm *assey-*.
Dies kommt daher, dass es in der 3. Pers. Präs. Indikativ neben *ils s'assoient* auch die Form *ils s'asseyent* gibt.

7

Zu den Ausdrücken des subjektiven Empfindens und der wertenden Stellungnahme, nach denen **automatisch der** *Subjonctif* steht, gehören unter anderen:

admirer que	bewundern	avoir peur que	befürchten/Angst haben			
détester que	verabscheuen	c'est une chance que	es ist ein Glück			
regretter que	bedauern					
être content(e) que	froh/zufrieden sein		bon que	gut		
être déçu(e) que	enttäuscht sein		mauvais que	schlecht		
être heureux(se) que	glücklich sein	trouver	bizarre que	komisch	finden
être surpris(e) que	überrascht sein		curieux que	seltsam		
être triste que	traurig sein		important que	wichtig		

Außerdem muss der *Subjonctif* nach einer Reihe von Ausdrücken mit unpersönlichem Subjekt stehen. Dazu gehören unter anderen:

	bon/mauvais que	gut/schlecht		m'amuse que	es macht mir Spaß
	bizarre/curieux que	komisch/seltsam		me plaît que	es gefällt mir
	faux/juste que	falsch/richtig	cela	m'énerve que	es geht mir auf
Il est	normal que	normal			die Nerven
	important que	wichtig		m'inquiète que	es beunruhigt mich
	(im)possible que	(un)möglich			
	utile que	nützlich			
	temps que	Zeit			

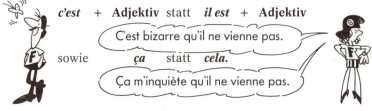

In der gesprochenen Sprache verwendet man auch häufig

c'est + **Adjektiv** statt *il est* + **Adjektiv**

C'est bizarre qu'il ne vienne pas.

sowie *ça* statt *cela*.

Ça m'inquiète qu'il ne vienne pas.

C § 38 Der „Subjonctif présent': Sonderformen
Le subjonctif présent: formes irrégulières

Einige Verben haben im *Subjonctif* Sonderformen, die sich nicht vom Stamm des Indikativs ableiten lassen:

			avoir		**être**		**pouvoir**	
	je/j'		aie	[ɛ]	sois	[swa]	puisse	[pɥis]
que	tu		aies	[ɛ]	sois	[swa]	puisses	[pɥis]
il faut qu'	il/elle/on		ait	[ɛ]	soit	[swa]	puisse	[pɥis]
	nous		ayons	[ɛjõ]	soyons	[swajõ]	puissions	[pɥisjõ]
	vous		ayez	[ɛje]	soyez	[swaje]	puissiez	[pɥisje]
	ils/elles		aient	[ɛ]	soient	[swa]	puissent	[pɥis]

		savoir		**aller**		**faire**		**vouloir**	
	je/j'	sache	[saʃ]	aille	[aj]	fasse	[fas]	veuille	[vœj]
que	tu	saches	[saʃ]	ailles	[aj]	fasses	[fas]	veuilles	[vœj]
il faut qu'	il/elle/on	sache	[saʃ]	aille	[aj]	fasse	[fas]	veuille	[vœj]
	nous	sachions	[saʃjõ]	allions	[aljõ]	fassions	[fasjõ]	voulions	[vuljõ]
	vous	sachiez	[saʃje]	alliez	[alje]	fassiez	[fasje]	vouliez	[vulje]
	ils/elles	sachent	[saʃ]	aillent	[aj]	fassent	[fas]	veuillent	[vœj]

il faut → qu'il faille

Achtung!

Die 1. und 2. Personen Plural *Subjonctif* der Verben vom Typ *voir, employer, payer* (§ 36) schreibt man mit **-yi-**:

que nous vo**y**ions   emplo**y**ions   pa**y**ions
que vous vo**y**iez   emplo**y**iez   pa**y**iez.

Die entsprechenden Formen von *avoir* und *être* schreibt man **ohne -i-**:

que nous a**y**ons   so**y**ons
que vous a**y**ez   so**y**ez.

§ 39 Der Gebrauch des ‚Subjonctif' (III) – L'emploi du subjonctif (III)

Auch bestimmte Konjunktionen sind ***Subjonctif*-Auslöser**:

Claudine doit aller au collège	**bien qu'**elle ne **soit** pas en forme aujourd'hui.	(obwohl)
Elle reste au lit	**jusqu'à ce que** son père **vienne** la réveiller.	(bis)
Il lui fait une tisane	**pour qu'**elle se **sente** mieux.	(damit)
M. Camus ne veut pas réveiller Séverine	**avant que** Claudine **parte**.	(bevor)
Mais Séverine s'est déjà levée	**sans que** son père le **sache**.	(ohne dass)

Der ***Subjonctif*** steht immer nach den **Konjunktionen**					
avant que	bevor	**jusqu'à ce que**	bis	**sans que**	ohne dass
bien que	obwohl	**pour que**	damit		

Wenn du die Beispielsätze zu *pour que*, *avant que* und *sans que* betrachtest, stellst du fest, dass sie jeweils **zwei verschiedene Subjekte** haben.
Wie du weißt, benutzt man bei **gleichem Subjekt** die Infinitivkonstruktionen *avant de faire qc*, *pour faire qc* und *sans faire qc* (vgl. §§ 21 und 25):

       Il ne veut pas réveiller Séverine avant que **Claudine** parte.   (zwei Subjekte)
       Il ne veut pas réveiller Séverine avant d'aller au bureau.   (ein Subjekt)

Dies gilt genauso für die Verben und Ausdrücke der Willensäußerung, des subjektiven Empfindens und der wertenden Stellungnahme:

«J'aimerais que **vous** me laissiez un peu plus de liberté.»   (zwei Subjekte)
«J'aimerais avoir un peu plus de liberté.»   (ein Subjekt)

D § 40 Die Verben auf ‚-indre' — *Les verbes en ‚-indre'*

	craindre	
je	crains	[krɛ̃]
tu	crains	[krɛ̃]
il / elle / on	craint	[krɛ̃]
nous	craignons	[krɛɲõ]
vous	craignez	[krɛɲe]
ils / elles	craignent	[krɛɲ]

Passé composé   j'ai craint
Imparfait   je craignais
Futur I   je craindrai
Subjonctif   que je craigne

Zu den Verben auf *-indre* gehören *craindre* (*craindre que* + Subjonctif), *se plaindre* (*se plaindre que* + Subjonctif), *contraindre* und *joindre*.

Je crains qu'il ne fasse pas beau aujourd'hui.

RÉVISIONS

1. Der Plural der zusammengesetzten Nomen
Le pluriel des noms composés

une brosse à dents / des brosses à dents un emploi du temps / des emplois du temps une salle à manger / des salles à manger un verre à vin / des verres à vin	eine Zahnbürste / Zahnbürsten ein Stundenplan / Stundenpläne ein Esszimmer / Esszimmer ein Weinglas / Weingläser	Nomen + Präpositionalgruppe mit *à* oder *de*
une cassette vidéo / des cassettes vidéo un club-théâtre / des clubs-théâtre un train-navette / des trains-navettes un café-tabac / des cafés-tabacs	eine Videokassette / Videokassetten eine Theater-AG / Theater-AGs ein Zug / Züge im Pendelverkehr ein *Café* / *Cafés* mit Tabakverkauf	Nomen + Nomen
une carte postale / des cartes postales un grand-père / des grands-pères un personnage principal / des personnages principaux	eine Postkarte / Postkarten ein Großvater / Großväter eine Hauptfigur / Hauptfiguren	Nomen + Adjektiv / Adjektiv + Nomen
un chasse-neige / des chasse-neiges* un ouvre-bouteille / des ouvre-bouteilles* un porte-monnaie / des porte-monnaies*	ein Schneepflug / Schneepflüge ein Flaschenöffner / Flaschenöffner ein Geldbeutel / Geldbeutel	Verb + Nomen
un après-midi / des après-midis*	ein Nachmittag / Nachmittage	Präposition + Nomen

* Beim Plural dieser zusammengesetzten Nomen ist auch noch die traditionelle Schreibweise ohne -s gebräuchlich.

2. Das Nomen: männliche und weibliche Form
Le nom: forme masculine et forme féminine

un Africain / une Africaine	-ain / -aine	un adolescent / une adolescente	-ent / -ente
un Français / une Française	-ais / -aise	un passager / une passagère un ouvrier / une ouvrière	-(i)er / -(i)ère
un Allemand / une Allemande	-and / -ande	un menteur / une menteuse	-eur / -euse
un habitant / une habitante	-ant / -ante	un voisin / une voisine	-in / -ine
un avocat / une avocate	-at / -ate	un bourgeois / une bourgeoise	-ois / -oise
un âne / une ânesse	-e / -esse	un champion / une championne	-on / -onne
un lycéen / une lycéenne	-en / -enne		

 un copain / une copine
un paysan / une paysanne

RÉVISIONS

3. Der Teilungsartikel und die Mengenausdrücke
L'article partitif et les expressions de quantité

a) Der Teilungsartikel

Sébastien achète	**du**	coca.	Sébastien kauft	Cola.	
	de l'	eau minérale.		Mineralwasser.	
	de la	limonade.		Limonade.	
Les jeunes font	**du**	bruit.	Die Jugendlichen machen	Lärm.	

↓

Teilungsartikel	→	m.	m./f.	f.
unbestimmte Menge/ abstrakte Begriffe		**du**	**de l'**	**de la**

b) Die Mengenausdrücke

Dans le magasin, il y a	**beaucoup**	**de**	clients.	(Mengenadverb)
Nathalie achète	**un kilo**	**d'**	oranges.	(Mengennomen)
Mais elle **ne** prend	**pas**	**de**	légumes.	(Verneinung)

Mengenangabe +	de	+ Nomen

4. Die Possessivbegleiter — *Les déterminants possessifs*

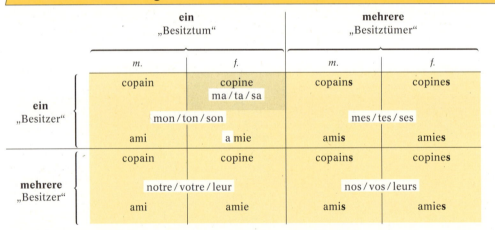

5. Die unbestimmten Begleiter und Pronomen
Les déterminants et pronoms indéfinis

Unbestimmte Begleiter

Il a fait **tout le** travail.	Er hat **die ganze** Arbeit gemacht.
Il a organisé **toute la** fête.	Er hat **das ganze** Fest organisiert.
Il a invité **tous ses** amis.	Er hat **alle seine** Freunde eingeladen.
Il a apporté **toutes ses** cassettes.	Er hat **alle seine** Kassetten mitgebracht.
Il a aussi apporté **quelques** CD.	Er hat auch **einige** CDs mitgebracht.

RÉVISIONS

Chaque copain et **chaque** copine a apporté un cadeau.	**Jeder** Freund und **jede** Freundin hat ein Geschenk mitgebracht.
Plusieurs copains et **plusieurs** copines sont arrivés en retard.	**Mehrere** Freunde und **mehrere** Freundinnen sind zu spät gekommen.
Un certain copain n'a pas dansé avec **une certaine** copine. **Certains** copains n'ont pas dansé avec **certaines** copines.	**Ein gewisser** Freund hat nicht mit **einer gewissen** Freundin getanzt. **Gewisse/Einige** Freunde haben nicht mit **gewissen/einigen** Freundinnen getanzt.

Unbestimmte Pronomen

On ne pouvait rien voir.	**Man** konnte nichts sehen.
Tu as vu **quelque chose**?	Hast du **etwas** gesehen?
Moi, j'ai **tout** vu.	Ich habe **alles** gesehen.
Mais **les autres** n'ont rien vu.	Aber die **anderen** haben nichts gesehen.
Quelqu'un était assis devant eux.	**Jemand** saß vor ihnen.
Certains se sont plaints.	**Gewisse/Manche Leute** haben sich beklagt.

6. Form und Stellung des Adjektivs – La forme et la place de l'adjectif

a) Form

	m.	f.	m.	f.	m.	f.	m.	f.	m.	f.
Sg.	jaune	jaune	gri**s**	gri**se**	joli	joli**e**	délic**ieux**	délic**ieuse**	génér**al**	génér**ale**
Pl.	jaune**s**	jaune**s**	gri**s**	gri**ses**	joli**s**	joli**es**	délic**ieux**	délic**ieuses**	génér**aux**	génér**ales**

difficile immense, jeune, raisonnable rapide, rouge, tranquille	mauvais bas/basse gros/grosse	grand immédiat intéressant noir, petit suivant, vert	curieux dangereux ennuyeux heureux	départemental génial illégal original principal

bas / basse bon / bonne cher / chère complet / complète	entier / entière fou / folle frais / fraîche faux / fausse	gentil / gentille long / longue négatif / négative plein / pleine [plɛ̃] / [plɛn]	prochain [prɔʃɛ̃] / prochaine [prɔʃɛn] professionnel / professionnelle roux / rousse violet / violette	

Sonderformen

m.	f.	m.	f.	m.	f.	m.	f.
beau / **bel**	belle	nouveau / **nouvel**	nouvelle	vieux / **vieil**	vieille	blanc	blanche
beau**x**	belles	nouveau**x**	nouvelles	vieux	vieilles	blanc**s**	blan**ches**

Unveränderlich: chic, bon marché, extra, marron, super, sympa

b) Stellung

Die meisten Adjektive stehen **nach dem Nomen**:	Nur wenige Adjektive stehen **vor dem Nomen**:	**Vor dem Nomen stehen u. a.:** bas / haut, court / long, beau bon / mauvais, dernier, grand/petit jeune / vieux, joli, nouveau
C'est une **idée** **intéressante**. **Nom** + **Adjectif**	C'est une **bonne** **idée**. **Adjectif** + **Nom**	

quarante-sept **47**

RÉVISIONS

7. Die unverbundenen Personalpronomen und die Hervorhebung
Les pronoms personnels disjoints et la mise en relief

moi	Qui veut cette sucette? – **Moi!**				in verkürzten Sätzen
toi	Sans **toi,**	je ne pars pas.			nach Präpositionen
	C'est	moi	qui	ai	pris le gâteau.	bei Hervorhebungen
	C'est	toi	qui	as	pris le gâteau.	(das Verb richtet sich dabei
lui/elle	C'est	lui/elle	qui	a	pris le gâteau.	nach dem Subjekt-
nous	C'est	nous	qui	avons	pris le gâteau.	pronomen)
vous	C'est	vous	qui	avez	pris le gâteau.	
eux/elles	C'est	eux/elles	qui	ont	pris le gâteau.	
	Ce sont				pris le gâteau.	

Außerdem stehen die betonten Formen *moi* und *toi* beim bejahten Imperativ statt *me* und *te* (mit Bindestrich):

                     Donne-le-**moi**. / Repose-**toi**.

In Kombination mit den direkten Objektpronomen stehen statt *lui* und *leur* **à lui/à elle/à eux/à elles**:

                     Présente-moi **à elle**.
                     On nous a présentés **à eux**.

8. Die Relativpronomen — *Les pronoms relatifs*

M. Martin est le prof	**qui**	nous aide.		**Wer? Was?**	Personen/Sachen
Voilà le vélo	**que**	j'ai choisi pour toi.		**Wen? Was?**	Personen/Sachen
C'est le cinéma		je t'ai parlé.		**Wovon?**	
Tu connais le copain	**dont**	les parents ont acheté cette maison.		**Wessen?**	Personen/Sachen
J'ai trouvé le livre		j'avais oublié le titre.			
C'est la maison	**où**	Emilie habite.		**Wo?**	Ort
Je n'aime pas les copains	**avec qui** / **chez qui**	tu sors. / tu dors.		**Mit wem?** / **Bei wem?**	Präp. + Personen
Voilà le terrain	**sur lequel**	ils jouent.		**Wo?** (und andere Fragen)	Präp. / Sachen

lequel	**laquelle**	**auquel**	**à laquelle**	**duquel**	**de laquelle**
lesquels	**lesquelles**	**auxquels**	**auxquelles**	**desquels**	**desquelles**

Indirekte Frage:

Je ne sais pas	**ce qui**	t'intéresse.	**Was?**	Sachen (Subjekt)
Je n'ai pas trouvé	**ce que**	tu cherches.	**Was?**	Sachen (direktes Objekt)
Je ne sais pas	**qui**	a pris les baguettes.	**Wer?**	Personen (Subjekt)
Elle a demandé	**qui**	ils ont rencontré.	**Wen?**	Personen (direktes Objekt)

RÉVISIONS

9. Die Präpositionen – Les prépositions

Wo?

à Arras	in Arras	du Danemark	aus / von Dänemark
au bord de la mer	am Meer	de la fenêtre	vom Fenster aus
au Collège	im *Collège*	de Lille	aus / von Lille
à côté de	neben	de loin	von weitem
au-dessus de	über / oberhalb von	derrière	hinter
à droite de	rechts (von)	par derrière	von hinten
à gauche de	links (von)	devant	vor
à l'intérieur de	im Innern von	en Italie	in Italien
au loin	in der Ferne	en géographie	in Erdkunde
au Danemark	in Dänemark	en bas de	unten auf / unten an
aux Pays-Bas	in den Niederlanden	en dehors de	außerhalb von
au marché	auf dem Markt	en haut de	oben auf / oben an
au milieu de	in der Mitte von	en direction de	in Richtung auf / von
à 1350 mètres d'altitude	auf 1350 m Höhe	en face de	gegenüber von
au nord de Paris	nördlich von Paris	en vacances	in den Ferien
au premier étage	im ersten Stock	en ville	in der (Innen-)Stadt
à table	bei Tisch	entre Arras et Lille	zwischen Arras und Lille
à la télé	im Fernsehen		
au volant	am Steuer		
autour de qc	um etwas herum	jusqu'à la plage	bis zum Strand
chez	bei	regarder par la fenêtre	aus dem Fenster schauen
aller chez qn	zu jdm. gehen	partir pour Paris	nach Paris fahren
chez soi	zu Hause		
dans ce cas-là	in diesem Fall	près de	nahe bei / neben
dans la chambre	im Zimmer	sous	unter
dans une famille	bei einer Familie	sous la pluie	im Regen
dans le Midi	in Südfrankreich	sur la plage	am Strand
dans la rue	auf der Straße		
de France	aus / von Frankreich	courir vers la sortie	in Richtung / zum Ausgang laufen
des Pays-Bas	aus / von den Niederlanden		

Wann?

à chaque fois que	jedes Mal wenn	dans deux jours	in zwei Tagen
au début de	am Anfang von	le 11 mai 1966	am 11. Mai 1966
à la fin de	am Ende von	en 1966	(im Jahre) 1966
au dernier moment	im letzen Moment	en automne	im Herbst
au XIXe siècle	im 19. Jahrhundert	en été	im Sommer
à l'époque	damals	en hiver	im Winter
au petit déjeuner	beim Frühstück	en juillet	im Juli
à sept heures	um sieben Uhr		
de huit à dix heures	von acht bis zehn Uhr	au printemps	im Frühling
de temps en temps	ab und zu	au mois de juillet	im (Monat) Juli
depuis	seit	à partir du mois de mai	von Mai an
en ce moment	im Augenblick / zur Zeit	après l'école	nach der Schule
à ce moment-là	in diesem / jenem Augenblick	5 minutes après	fünf Minuten danach
en deux jours	in(nerhalb von) zwei Tagen	avant la fête	vor dem Fest
		10 minutes avant	zehn Minuten vorher

RÉVISIONS

ma vie dans vingt ans	mein Leben in zwanzig Jahren	une fois par semaine	einmal in der Woche
		pendant les vacances	während der Ferien
entre huit et neuf heures	zwischen acht und neun Uhr	pendant quinze ans	15 Jahre lang
		pour la première fois	zum ersten Mal
jusqu'à cinq heures	bis fünf Uhr	vers cinq heures	gegen fünf Uhr

Wie, was, warum, mit wem?

au contraire	im Gegenteil	en avion	mit dem Flugzeug
à deux	zu zweit	en français	auf Französisch
jouer au foot	Fußball spielen	être en forme	in Form sein
grâce à	dank	en groupe	in / mit der Gruppe
au lieu de	anstatt	en plastique	aus Plastik
à pied	zu Fuß	en plus	zusätzlich
à vélo	mit dem Fahrrad		
un sandwich au jambon	ein Brot mit Schinken	par exemple	zum Beispiel
		exprimer par	ausdrücken mit
		commencer par qc	mit etwas anfangen
avec les amis	mit den Freunden	par téléphone	telefonisch
se disputer avec qn	mit jdm. streiten	par le train de 8 h 15	mit dem Zug um 8.15 Uhr
être contre qc	gegen etwas sein	être pour qc	für etwas sein
		pour des raisons d'argent	aus Geldgründen
jouer de la guitare	Gitarre spielen	pour faire qc	um etwas zu machen
un emploi d'ingénieur	eine Stelle als Ingenieur		
long de 20 mètres	20 Meter lang	sans arrêt	unaufhörlich
vieux de 200 ans	200 Jahre alt	sans problème	ohne Problem
de tout son poids	mit seinem ganzen Gewicht	sans savoir comment	ohne zu wissen wie
		un élève sur deux	jeder zweite Schüler

10. Konjunktionen – Conjonctions

avant que	bevor	alors que	während
bien que	obwohl	pendant que	während
jusqu'à ce que	bis	parce que	weil
pour que	damit	comme	da / weil (Satzanfang)
sans que	ohne dass	que	dass
+ Subjonctif		si	ob
		si (+ kein Futur, kein Konditional)	wenn
		quand	als / wenn (zeitlich)
		mais	aber
		et	und
		ou alors	oder aber / oder auch

RÉVISIONS

11. Fragen stellen – Poser des questions

a) Frageformen

Tu rentres à la maison?	**Intonationsfrage** — gesprochene Sprache
Tu habites où? *(fam.)*	**Frage mit nachgestelltem Fragewort** — wirkt umgangssprachlich
Est-ce que tu rentres à la maison? Avec qui est-ce que tu pars en vacances? Quand est-ce que les élèves ont cours? Qu'est-ce que vous cherchez?	**Umschreibungsfrage mit «est-ce que»** — gesprochene und geschriebene Sprache
Pourquoi **sont-ils** venus? Combien de pantalons **a-t-elle** achetés? Comment **vont-elles**?	**Inversionsfrage** — geschriebene Sprache; wirkt in der gesprochenen Sprache gewählt

b) Fragen nach Personen und Sachen

Qui	est arrivé?	**Wer** ist angekommen?	**Qui** (Person) ╲ ╱ **qui** (Subjekt)
Qui est-ce qui	est arrivé?		est-ce
Qui est-ce que	tu as vu?	**Wen** hast du gesehen?	╱ ╲
Que	voulez-vous?	**Was** wollen Sie?	**Qu'** (Sache) **que** (direktes Objekt)
Qu'est-ce que	vous voulez?		
Qu'est-ce qui	vous énerve?	**Was** macht Sie nervös?	
Quoi	faire?	**Was** tun?	quoi / que + Infinitiv
Que	faire?		
Quoi	de neuf?	**Was** gibt es Neues?	quoi + Satz ohne Verb
Avec **quoi** est-ce que tu répares ta voiture? De **quoi** parles-tu?		**Womit** (mit was?) reparierst du dein Auto? **Wovon** (von was?) redest du?	Präposition + quoi

12. Die Verneinung – La négation

Il	n'	est	**pas**		malade.	…nicht…
Il	n'	a	**jamais**	été	malade.	…niemals…
Il	ne	va	**plus**	être	malade.	…nicht mehr…
Il	n'y	pense	**pas du tout.**			…überhaupt nicht…
Elle	n'y	pense	**pas non plus.**			…auch nicht…
Ils	ne	font	**jamais d'**	excursions.		…machen niemals Ausflüge…
Ils	ne	font	**pas de**	voyages **non plus**.		…machen auch keine Reisen…
Il	n'	a	**rien**	dit.		
Il	ne	dit	**rien.**			…nichts…
Il	ne	va	**rien**	dire.		
Je	ne	vois	**personne.**			
Je	n'	ai <u>vu</u>	**personne.**			…niemand…
Je	ne	vais <u>voir</u>	**personne.**			

Ce	ne	**sont**	pas	**des**	amis.
Je	n'	**ai**	pas		soif.
Il	n'	**aime**	pas	**les**	artichauts.

RÉVISIONS

13. ‚Imparfait' und ‚Passé composé' – L'imparfait et le passé composé

Imparfait	Passé composé
Fragen: Was war (schon / noch)? Wie war es?	Was geschah (einmal)? Und dann?
zeitlich unbegrenzt gesehen:	**zeitlich begrenzt gesehen:**
Mon père était paysan. Nous vivions dans un petit village.	Un jour, nous sommes partis à Clermont-Ferrand.
Zustände, Situationen, Begleitumstände:	**Handlungen mit deutlichem Anfang und Ende:**
Je n'aimais pas la ville. Je me sentais seul.	Mais au lycée, j'ai trouvé des copains.
Gewohnheit, Wiederholung, parallele Handlungen:	**aufeinander folgende Handlungen:**
Ils allaient chaque jour dans un club de jeunes où ils faisaient de la musique.	On a acheté des instruments et on a commencé à jouer dans les rues.
Hintergrund, Rahmen:	**einmalige Handlungen Ereignisse im Vordergrund:**
Tous les jours, nous faisions de la musique au centre-ville. Beaucoup de gens nous écoutaient.	Un jour, un monsieur est arrivé et nous a dit bonjour.
Erklärungen, Kommentare:	
Il était producteur.	Il nous a proposé de faire un disque.

Auch im **Satzgefüge** (Haupt- und Nebensatz) erscheint häufig die Zeitenfolge *Imparfait – Passé composé*:

Ce monsieur, **qui était** producteur, **se promenait** dans la rue, quand, **tout à coup, il a entendu** de la musique.

14. Die Veränderlichkeit des ‚Participe passé'
L'accord du participe passé

a) *Passé composé* mit *avoir*

Beim *Passé composé* mit *avoir* richtet sich das *Participe passé* in Genus und Numerus nach einem **vorausgehenden direkten Objekt**.

J'ai fait **une excursion**.	Direktes Objekt **nach** dem *Participe passé*: → *Participe passé* **nicht veränderlich**
C'est **l'excursion que** j'ai fait**e** en été. **Quelle excursion** est-ce que tu as fait**e**? **Combien d'excursions** est-ce que tu as fait**es**?	Direktes Objekt **vor** dem *Participe passé*: → *Participe passé* **veränderlich**

b) *Passé composé* mit *être*

Beim *Passé composé* mit *être* richtet sich das *Participe passé* in Genus und Numerus nach dem **Subjekt**.

Elles sont arriv**ées** à trois heures.	Subjekt + *être* + *Participe passé*: → *Participe passé* **veränderlich**
Les filles **se sont** lev**ées**.	**reflexives Verb** im *Passé composé*, Reflexivpronomen als <u>direktes Objekt</u>: → *Participe passé* **veränderlich**

RÉVISIONS

15. Das Verb und seine Ergänzungen – Les compléments du verbe

a) Nominale Ergänzungen: wichtige Unterschiede zum Deutschen

im Französischen: **Wem?**	im Deutschen **Wen?**	im Französischen: **Wen?**	im Deutschen **Wem?**
demander à qn	jdn. fragen / bitten	aider qn	jdm. helfen
mentir à qn	jdn. belügen	croire qn	jdm. glauben
parler à qn	jdn. ansprechen	écouter qn	jdm. zuhören
rendre visite à qn	jdn. besuchen	suivre qn	jdm. folgen
téléphoner à qn	jdn. anrufen		

b) Verb und Infinitivergänzung
Anschluss ohne Präposition

aimer faire qc	etw. gern tun	partir faire qc	losgehen, um etw. zu tun
aller faire qc	etw. tun werden	pouvoir faire qc	etw. tun können (in der Lage sein)
désirer faire qc	etw. zu tun wünschen	préférer faire qc	etw. lieber tun, vorziehen etw. zu tun
devoir faire qc	etw. tun müssen	savoir faire qc	etw. tun können (wissen, wie es geht)
espérer faire qc	etw. zu tun hoffen	vouloir faire qc	etw. tun wollen
oser faire qc	etw. zu tun wagen		

Anschluss mit der Präposition ‚à'

aider qn à faire qc	jdm. helfen etw. zu tun	hésiter à faire qc	zögern etw. zu tun
s'amuser à faire qc	sich mit etw. die Zeit vertreiben	inviter qn à faire qc	jdn. einladen etw. zu tun
apprendre à faire qc	lernen etw. zu tun	se mettre à faire qc	anfangen etw. zu tun
arriver à faire qc	es schaffen etw. zu tun	se remettre à faire qc	wieder anfangen etw. zu tun
commencer à faire qc	beginnen etw. zu tun	réussir à faire qc	gelingen / etw. fertigbringen
continuer à faire qc	fortfahren etw. zu tun	servir à faire qc	dazu dienen etw. zu tun
contraindre qn à faire qc	jdn. zwingen etw. zu tun	ne pas tarder à faire qc	etwas bald tun

Anschluss mit der Präposition ‚de'

arrêter de faire qc	aufhören etw. zu tun	permettre à qn de faire qc	jdm. erlauben etw. zu tun
craindre de faire qc	fürchten etw. zu tun	promettre à qn de faire qc	jdm. versprechen etw. zu tun
décider de faire qc	beschließen etw. zu tun	proposer à qn de faire qc	jdm. vorschlagen etw. zu tun
demander à qn de faire qc	jdn. bitten / auffordern etw. zu tun	rêver de faire qc	davon träumen etw. zu tun
empêcher qn de faire qc	jdn. daran hindern etw. zu tun	risquer de faire qc	riskieren, Gefahr laufen etw. zu tun
essayer de faire qc	versuchen etw. zu tun	venir de faire qc	etw. gerade getan haben
interdire à qn de faire qc	verbieten etw. zu tun		

RÉVISIONS

16. Revision der Verben — Révision des verbes

1. Die Verben auf ‚-er'

Infinitiv / Passé composé		Präsens	Imparfait	Futur I	Konditional I	Imperativ	Subjonctif présent
regarder (betrachten)	je	regarde	regardais	regarderai	regarderais	Regarde.	que je regarde
	tu	regardes	regardais	regarderas	regarderais	Regardons.	que tu regardes
	il	regarde	regardait	regardera	regarderait	Regardez.	qu'il regarde
	nous	regardons	regardions	regarderons	regarderions		que nous regardions
	vous	regardez	regardiez	regarderez	regarderiez		que vous regardiez
j'ai **regardé**	ils	regardent	regardaient	regarderont	regarderaient		qu'ils regardent

Ebenso: alle regelmäßigen Verben auf -er

Achtung: Von den regelmäßigen Verben auf -er bilden *arriver, entrer, rentrer, monter, retourner, tomber* und *rester* das **Passé composé** mit *être*.

acheter (kaufen)	j'	achète	achetais	achèterai	achèterais	Achète...	que j'achète
	nous	achetons	achetions	achèterons	achèterions	Achetons...	que nous achetions
j'ai **acheté**	ils	achètent	achetaient	achèteront	achèteraient	Achetez...	qu'ils achètent

Ebenso: **enlever** (wegnehmen), **se lever** (aufstehen), **relever** (wieder aufrichten), **se promener** (spazieren gehen), **ramener qn** (zurückbringen)

préférer (vorziehen)	je	préfère	préférais	préférerai	préférerais		que je préfère
	nous	préférons	préférions	préférerons	préférerions		que nous préférions
j'ai **préféré**	ils	préfèrent	préféraient	préféreront	préféreraient		qu'ils préfèrent

Ebenso: **compléter** (vervollständigen), **dessécher** (austrocknen), **espérer** (hoffen), **exagérer** (übertreiben), **s'inquiéter*** (sich beunruhigen), **(*se) protéger**, nous (nous) protég<u>e</u>ons (sich) (schützen), **répéter** (wiederholen)

appeler (rufen)	j'	appelle	appelais	appellerai	appellerais	Appelle...	que j'appelle
	nous	appelons	appelions	appellerons	appellerions	Appelons...	que nous appelions
j'ai **appelé**	ils	appellent	appelaient	appelleront	appelleraient	Appelez...	qu'ils appellent

Ebenso: **épeler** (buchstabieren), **jeter** (werfen)

employer (verwenden)	j'	emploie	employais	emploierai	emploierais	Emploie...	que j'emploie
	nous	employons	employions	emploierons	emploierions	Employons...	que nous employions
j'ai **employé**	ils	emploient	employaient	emploieront	emploieraient	Employez...	qu'ils emploient

Ebenso: **essayer** (versuchen), **payer** (bezahlen), **tutoyer** (duzen)

manger (essen)	je	mange	mangeais	mangerai	mangerais	Mange.	que je mange
	nous	mangeons	mangions	mangerons	mangerions	Mangeons.	que nous mangions
j'ai **mangé**	ils	mangent	mangeaient	mangeront	mangeraient	Mangez.	qu'ils mangent

Ebenso: **arranger** (in Ordnung bringen), **changer** (wechseln), **corriger** (korrigieren), **déranger** (stören), **interroger** (befragen), **mélanger** (durcheinander bringen), **ranger** (aufräumen)

*Diese Verben bilden das *Passé composé* mit *être*.

RÉVISIONS

Infinitiv / Passé composé		Präsens	Imparfait	Futur I	Konditional I	Imperativ	Subjonctif présent
commencer (beginnen) j'ai **commencé**	je nous ils	commence commençons commencent	commençais commencions commençaient	commencerai commencerons commenceront	commencerais commencerions commenceraient	Commence. Commençons. Commencez.	que je commence que nous commencions qu'ils commencent

Ebenso: **annoncer** (ankündigen), **avancer** (vorrücken), **balancer qc** (etw. hinschmeißen), **défoncer** (zerschlagen), **lancer** (werfen), **prononcer** (aussprechen).

2. Die Verben auf ‚-dre'

répondre (antworten) j'ai **répondu**	je nous ils	réponds répondons répondent	répondais répondions répondaient	répondrai répondrons répondront	répondrais répondrions répondraient	Réponds. Répondons. Répondez.	que je réponde que nous répondions qu'ils répondent

Ebenso: **attendre** (warten), **correspondre** (entsprechen) **descendre*** (aussteigen, hinabsteigen), **perdre** (verlieren), **rendre** (zurückgeben).

3. a) Die Verben auf ‚-ir': Gruppe: ‚dormir'

dormir (schlafen) j'ai **dormi**	je nous ils	dors dormons dorment	dormais dormions dormaient	dormirai dormirons dormiront	dormirais dormirions dormiraient	Dors. Dormons. Dormez.	que je dorme que nous dormions qu'ils dorment

Ebenso: **mentir** (lügen), **partir*** (losgehen/wegfahren/abfahren/aufbrechen), **sentir** (fühlen/riechen), **servir** (dienen/bedienen), **sortir*** (hinausgehen/herauskommen).

3. b) Die Verben auf ‚-ir': Gruppe: ‚finir'

finir (beenden) j'ai **fini**	je nous ils	finis finissons finissent	finissais finissions finissaient	finirai finirons finiront	finirais finirions finiraient	Finis. Finissons. Finissez.	que je finisse que nous finissions qu'ils finissent

Ebenso: **choisir** (wählen/auswählen), **nourrir** (ernähren), **punir** (bestrafen), **réagir** (reagieren), **réfléchir** (nachdenken, überlegen), **réussir** (gelingen), **saisir** (ergreifen/begreifen).

4. Unregelmäßige Verben

aller (gehen) je suis **allé(e)**	je tu il nous vous ils	**vais** vas va allons allez vont	allais allais allait allions alliez allaient	**ir**ai iras ira irons irez iront	irais irais irait irions iriez iraient	Va. Allons. Allez. 	que j'**aille** que tu **ailles** qu'il **aille** que nous **allions** que vous **alliez** qu'ils **aillent**
s'asseoir (sich setzen) (§ 11) je me suis **assis(e)**	je nous ils	m'assois nous ass**ey**ons s'assoient	m'ass**ey**ais nous ass**ey**ions s'ass**ey**aient	m'ass**ié**rai nous ass**ié**rons s'ass**ié**ront	m'ass**ié**rais nous ass**ié**rions s'ass**ié**raient	**Assieds**-toi. Asseyons-nous. Asseyez-vous.	que je m'**asseye** que nous nous ass**ey**ions qu'ils s'ass**ey**ent

*Diese Verben bilden das *Passé composé* mit *être*.

RÉVISIONS

Infinitiv / Passé composé		Präsens	Imparfait	Futur I	Konditional I	Imperativ	Subjonctif présent
avoir (haben)	j'	ai	avais	**aur**ai	aurais	**Aie** ...	que j'**aie**
	tu	as	avais	**aur**as	aurais	Ayons ...	que tu aies
	il	a	avait	**aur**a	aurait	Ayez ...	qu'il ait
	nous	avons	avions	**aur**ons	aurions		que nous ayons
j'ai **eu**	ils	ont	avaient	**aur**ont	auraient		qu'ils aient
boire (trinken)	je	bois	buvais	boirai	boirais	Bois.	que je boive
	nous	buvons	buvions	boirons	boirions	Buvons.	que nous **buv**ions
j'ai **bu**	ils	boivent	buvaient	boiront	boiraient	Buvez.	qu'ils boivent
conduire (fahren)	je	conduis	conduisais	conduirai	conduirais	Conduis.	que je conduise
	nous	conduisons	conduisions	conduirons	conduirions	Conduisons.	que nous conduisions
j'ai **conduit**	ils	conduisent	conduisaient	conduiront	conduiraient	Conduisez.	qu'ils/elles conduisent
	Ebenso:	**construire** (bauen), **cuire** (kochen), **traduire** (übersetzen)					
connaître (kennen)	je	connais	connaissais	connaîtrai	connaîtrais	Connais ...	que je connaisse
	il	connaît	connaissait	connaîtra	connaîtrait	Connaissons ...	que nous connaissions
	nous	connaissons	connaissions	connaîtrons	connaîtrions	Connaissez ...	
j'ai **connu**	ils	connaissent	connaissaient	connaîtront	connaîtraient		qu'ils connaissent
	Ebenso:	**paraître** (scheinen/erscheinen), **disparaître** (verschwinden)					
courir (laufen)	je	cours	courais	cour**r**ai	cour**r**ais	Cours.	que je coure
	nous	courons	courions	cour**r**ons	cour**r**ions	Courons.	que nous courions
j'ai **couru**	ils	courent	couraient	cour**r**ont	cour**r**aient	Courez.	qu'ils courent
craindre (fürchten) (§ 40)	je	crains	craignais	craindrai	craindrais	Crains ...	que je crai**gn**e
	nous	crai**gn**ons	craignions	craindrons	craindrions	Craignons ...	que nous crai**gn**ions
j'ai **craint**	ils	crai**gn**ent	craignaient	craindront	craindraient	Craignez ...	qu'ils crai**gn**ent
	Ebenso:	**contraindre** (zwingen), **joindre** (verbinden), **se plaindre*** (beklagen)					
croire (glauben)	je	crois	croyais	croirai	croirais	Crois.	que je croie
	nous	cro**y**ons	cro**y**ions	croirons	croirions	Croyons.	que nous cro**y**ions
j'ai **cru**	ils	croient	croyaient	croiront	croiraient	Croyez.	qu'ils croient
devoir (müssen)	je	dois	devais	de**vr**ai	devrais		que je doive
	nous	devons	devions	devrons	nous devrions		que nous **d**evions
j'ai **dû**	ils	doivent	devaient	devront	ils devraient		qu'ils doivent
dire (sagen)	je	dis	disais	dirai	dirais	Dis.	que je dise
	nous	disons	disions	dirons	dirions	Disons.	que nous disions
	vous	d**ites**	disiez	direz	diriez	D**ites**.	que vous disiez
j'ai **dit**	ils	disent	disaient	diront	diraient		qu'ils disent
	Aber:	**interdire** (verbieten) – vous inter**disez**!					

*Diese Verben bilden das *Passé composé* mit *être*.

RÉVISIONS

Infinitiv / Passé composé		Präsens	Imparfait	Futur I	Konditional I	Imperativ	Subjonctif présent
écrire (schreiben) / j'ai **écrit**	j' nous ils	écris écrivons écrivent	écrivais écrivions écrivaient	écrirai écrirons écriront	écrirais écririons écriraient	Ecris. Ecrivons. Ecrivez.	que j'écrive que nous écrivions qu'ils écrivent
envoyer (schicken) / j'ai **envoyé**	j' nous ils	env**oie** env**oy**ons env**oie**nt	env**oy**ais env**oy**ions env**oy**aient	env**err**ai env**err**ons env**err**ont	env**err**ais env**err**ions env**err**aient	Env**oie**… Env**oy**ons… Env**oy**ez…	que j'envoie que nous env**oy**ions qu'ils envoient
être (sein) / j'ai **été**	je/j' tu il nous vous ils	suis es est sommes êtes sont	étais étais était étions étiez étaient	serai seras sera serons serez seront	serais serais serait serions seriez seraient	Sois… Soyons… Soyez…	que je sois que tu sois qu'il soit que nous soyons que vous soyez qu'ils soient
faire (machen) / j'ai **fait**	je nous vous ils	fais faisons fa**i**tes font	faisais faisions faisiez faisaient	f**er**ai f**er**ons f**er**ez f**er**ont	ferais ferions feriez feraient	Fais… Faisons… Faites…	que je **fasse** que nous fassions que vous fassiez qu'ils fassent
falloir (müssen) / il a **fallu**		il faut	il fallait	il fau**d**ra	il faudrait		qu'il **faille**
lire (lesen) / j'ai **lu**	je nous ils	lis lisons lisent	lisais lisions lisaient	lirai lirons liront	lirais lirions liraient	Lis. Lisons. Lisez.	que je lise que nous lisions qu'ils lisent
Ebenso: **relire** (noch einmal lesen)							
mettre (setzen, stellen, legen) / j'ai **mis**	je nous ils	mets mettons mettent	mettais mettions mettaient	mettrai mettrons mettront	mettrais mettrions mettraient	Mets… Mettons… Mettez…	que je mette que nous mettions qu'ils mettent
Ebenso: **promettre** (versprechen), **permettre** (erlauben), **se remettre*** à (wieder anfangen)							
mourir (sterben) (§ 22) / je suis **mort(e)**	je nous ils	m**eu**rs mourons m**eu**rent	mourais mourions mouraient	mou**rr**ai mou**rr**ons mou**rr**ont	mourrais mourrions mourraient	Meurs. Mourons. Mourez.	que je meure que nous mourions qu'ils meurent
offrir (anbieten) / j'ai **offert**	j' nous ils	offre offrons offrent	offrais offrions offraient	offrirai offrirons offriront	offrirais offririons offriraient	Offre… Offrons… Offrez…	que j'offre que nous offrions qu'ils offrent
Ebenso: **découvrir** (entdecken), **ouvrir** (öffnen)							
plaire (gefallen) / j'ai **plu**	je il nous ils	plais plaît plaisons plaisent	plaisais plaisait plaisions plaisaient	plairai plaira plairons plairont	plairais plairait plairions plairaient		que je plaise que nous plaisions qu'ils plaisent
pleuvoir (regnen) / il a **plu**		il pleut	il pleuvait	il pleuvra	il pleuvrait		qu'il pleuve

---

* Diese Verben bilden das *Passé composé* mit *être*.

RÉVISIONS

Infinitiv / Passé composé		Präsens	Imparfait	Futur I	Konditional I	Imperativ	Subjonctif présent
pouvoir (können)	je nous ils	peux pouvons peuvent	pouvais pouvions pouvaient	pourrai pourrons pourront	pourrais pourrions pourraient		que je puisse que nous puissions qu'ils puissent
j'ai pu							
prendre (nehmen)	je nous ils	prends prenons prennent	prenais prenions prenaient	prendrai prendrons prendront	prendrais prendrions prendraient	Prends… Prenons… Prenez…	que je prenne que nous prenions qu'ils prennent
j'ai pris							
Ebenso:		comprendre (verstehen), reprendre (zurücknehmen), surprendre (überraschen)					
recevoir (empfangen)	je nous ils	reçois recevons reçoivent	recevais recevions recevaient	recevrai recevrons recevront	recevrais recevrions recevraient	Reçois… Recevons… Recevez…	que je reçoive que nous recevions qu'ils reçoivent
j'ai reçu							
Ebenso:		décevoir (enttäuschen)					
rire (lachen)	je nous ils	ris rions rient	riais riions riaient	rirai rirons riront	rirais ririons ils riraient	Ris. Rions. Riez.	que je rie que nous riions qu'ils rient
j'ai ri							
Ebenso:		sourire (lächeln)					
savoir (wissen)	je nous ils	sais savons savent	savais savions savaient	saurai saurons sauront	saurais saurions sauraient	Sache… Sachons… Sachez…	que je sache que nous sachions qu'ils sachent
j'ai su							
suivre (folgen) (§ 10)	je nous ils	suis suivons suivent	suivais suivions suivaient	suivrai suivrons suivront	suivrais suivrions suivraient	Suis… Suivons… Suivez…	que je suive que nous suivions qu'ils suivent
j'ai suivi							
venir (kommen)	je nous ils	viens venons viennent	venais venions venaient	viendrai viendrons viendront	viendrais viendrions viendraient	Viens. Venons… Venez.	que je vienne que nous venions qu'ils viennent
je suis venu(e)							
Ebenso:		tenir** (halten), appartenir** (gehören), devenir* (werden)					
vivre (leben)	je nous ils	vis vivons vivent	vivais vivions vivaient	vivrai vivrons vivront	vivrais vivrions vivraient	Vis… Vivons… Vivez…	que je vive que nous vivions qu'ils vivent
j'ai vécu							
voir (sehen)	je nous ils	vois voyons voient	voyais voyions voyaient	verrai verrons verront	verrais verrions verraient	Vois… Voyons… Voyez…	que je voie que nous voyions qu'ils voient
j'ai vu							
vouloir (wollen)	je nous ils	veux voulons veulent	voulais voulions voulaient	voudrai voudrons voudront	voudrais voudrions voudraient	Veuille… Veuillez…	qu'il veuille que nous voulions qu'ils veuillent
j'ai voulu							

* Diese Verben bilden das *Passé composé* mit *être*.   ** Diese Verben bilden das *Passé composé* mit *avoir*.

Hauptregeln des Grammatischen Beihefts auf Französisch
Principales règles de ce livret de grammaire, formulées en français

§ 1 **R 1** Pour former l'adverbe, on ajoute le suffixe *-ment* au féminin de l'adjectif. Quand un adjectif se termine par une voyelle qui n'est pas un *-e* muet, on ajoute *-ment* au masculin de l'adjectif.

§ 2 **R 2** On accorde l'adjectif épithète et l'adjectif attribut en genre et en nombre avec le nom auquel il se rapporte.

R 3 Contrairement à l'adjectif, l'adverbe est toujours invariable.

§ 4 **R 4** Pour mettre un verbe au plus-que-parfait, on emploie l'imparfait des verbes *avoir* ou *être* et le participe passé de ce verbe.

R 5 Le plus-que-parfait exprime une action dans le passé qui est antérieure à une autre action dans le passé.

§ 5 **R 6** Pour former le comparatif des adverbes, on emploie *plus... que, moins... que* et *aussi ... que*. Pour former le superlatif, on emploie *le plus* et *le moins*.

§ 6 **R 7** Après *avoir besoin*, la préposition *de* introduit le complément. Après ce *de*, on ne peut pas avoir d'article partitif ou d'article indéfini au pluriel.

§ 7 **R 8** Quand on exprime une comparaison avec *plus* ou *moins*, on met *que* devant le deuxième élément de la comparaison. Si *plus* ou *moins* se trouve devant une expression de quantité, on leur ajoute *de*.

§ 8 **R 9** Les pronoms démonstratifs sont *celui, celle, ceux, celles*. On ne les emploie jamais seuls. Ils faut toujours leur ajouter les mots *-ci* ou *-là*, un pronom relatif ou une préposition.

§ 9 **R 10** Dans une proposition relative, le pronom relatif *dont* remplace un complément avec *de*. L'ordre des mots dans la proposition relative introduite par *dont* est toujours sujet – verbe – complément direct.

§ 12 **R 11** Pour former le futur simple des verbes en *-er*, on ajoute à la première personne du singulier du verbe au présent les terminaisons du futur *-rai, -ras, -ra, -rons, -rez, -ront*.

R 12 Pour former le futur simple des verbes en *-re* et *-ir*, on prend l'infinitif sans *-re/-r* et on y ajoute les terminaisons du futur.

§ 13 **R 13** En français, on emploie en général le futur quand on parle d'une action future.

§ 14 **R 14** Pour mettre un verbe au futur antérieur, on emploie le futur simple des verbes *avoir* ou *être* et le participe passé de ce verbe.

R 15 On emploie le futur antérieur pour indiquer qu'une action future est antérieure à une autre action ou un autre moment dans le futur.

§ 15 **R 16** Dans la proposition subordonnée avec *si* qui exprime une condition, on emploie le présent. Dans la proposition principale, on emploie le futur.

§ 16 **R 17** Si on peut remplacer *wenn* par *falls*, la phrase exprime une condition. Dans ce cas-là, on emploie en français le mot *si*.

Si on peut remplacer *wenn* par *sobald*, on emploie en français le mot *quand*. Si la phrase avec *quand* se rapporte à une action future, il faut employer le futur.

§ 18	**R 18**	Dans l'interrogation indirecte et au discours indirect, on traduit *was* par *ce qui* et *ce que*. *Ce qui* est sujet, *ce que* objet direct.
§ 23	**R 19**	On ne peut combiner deux pronoms objets que si l'un d' eux est *le, la* ou *les*. Il faut toujours mettre les pronoms objets indirects *me, te, se, nous, vous* avant les pronoms objets directs *le, la, les*. Il faut toujours mettre *lui* et *leur* après *le, la, les*.
		Si le pronom objet direct est *me, te, se, nous, vous*, il faut mettre le pronom objet indirect *(à lui, à elle, à eux, etc.)* après le verbe.
	R 20	Il faut toujours mettre les pronoms adverbiaux *y* et *en* après les pronoms objets. Il faut mettre *en* après *y (il y en a)*.
§ 24	**R 21**	Dans la phrase impérative affirmative, il faut toujours mettre les pronoms objets directs *le, la, les* avant les pronoms objets indirects *moi, toi, lui, nous, vous, leur*. On met le pronom *en* toujours après le pronom objet.
		Dans la phrase impérative négative, les pronoms objets et les pronoms adverbiaux se trouvent à la même place que dans la phrase déclarative.
§ 25	**R 22**	Les expressions *pour faire qc* et *sans faire qc* relient deux phrases qui ont le même sujet. Avec *pour faire qc*, les deux éléments de la négation (*ne pas*, etc.) se trouvent devant l'infinitif.
§ 26	**R 23**	Si on peut poser la question *où (wo? wohin?)*, on emploie *en* devant les noms de pays au féminin et *à + article (au/aux)* devant les noms de pays au masculin ou au pluriel.
	R 24	Si on peut poser la question *d'où (woher?)*, on emploie *de/d'* sans article devant les noms de pays au féminin et *de* + article défini *(du/des)* devant les noms de pays au masculin et au pluriel.
§ 27	**R 25**	Pour former le conditionnel présent, on ajoute les terminaisons du conditionnel *-rais, -rais, -rait, -rions, -riez, -raient* à la forme qui sert à former le futur.
§ 28	**R 26**	Pour mettre un verbe au conditionnel passé, on emploie le conditionnel présent des verbes *avoir* ou *être* et le participe passé de ce verbe.
§ 29	**R 27**	Le conditionnel sert à exprimer une supposition, un conseil, une possibilité, un désir ou une demande polie.
§ 30	**R 28**	Pour exprimer une condition irréelle et sa conséquence, on emploie l'imparfait dans la proposition subordonnée et le conditionnel présent dans la proposition principale.
		Quand la condition irréelle se rapporte au passé, on emploie le plus-que-parfait dans la proposition subordonnée et le conditionnel passé dans la proposition principale.
§ 32	**R 29**	Les pronoms relatifs *lequel, laquelle, lesquels, lesquelles* se rapportent en général à des choses. Ils s'accordent en genre et en nombre avec le mot auquel ils se rapportent. Ils s'emploient après des prépositions et après des locutions prépositives.
§ 33	**R 30**	La concordance des temps dans le discours indirect: Quand le verbe qui introduit le discours indirect est à un temps du passé, le présent du discours direct devient imparfait, le passé composé devient plus-que-parfait et le futur devient conditionnel.
§ 34	**R 31**	Pour former le subjonctif des verbes réguliers, on ajoute les terminaisons *-e, -es, -e, -ions, -iez, -ent* au radical de la troisième personne du pluriel du verbe au présent de l'indicatif.

Verzeichnis der grammatischen Begriffe

In der linken Spalte stehen die in Découvertes verwendeten Begriffe. Der Paragraph nennt die Stelle, an der du in diesem Grammatischen Beiheft etwas über den Begriff erfährst. Die mittlere Spalte enthält Bezeichnungen, die dir aus dem Deutschen vertraut sind. Manchmal stehen dort auch Begriffe, die zwar in dieser Grammatik nicht verwendet werden, jedoch möglicherweise von deiner Lehrerin/deinem Lehrer benützt werden. In der rechten Spalte werden die französischen Entsprechungen sowie französische Beispiele aufgeführt.

Verwendete Bezeichnungen	Entsprechungen	Französische Bezeichnungen und Beispiele
Adjektiv (§ 2, 31) – **attributives** ~ (§ 2) – **prädikatives** ~ (§ 2)	Eigenschaftswort	l'adjectif *m.* – ~ épithète: *une **petite** voiture* – ~ attribut: *Christine **est petite**.*
Adverb (§ 1, 2, 3, 5, 19) – **abgeleitetes** ~ (§ 1, 2, 19) – **ursprüngliches** ~ (§ 2, 3)	Umstandswort	l'adverbe *m.*: *Il arrive **demain**.* – ~ en *-ment*: *Il est venu **directement**.* – ~ simple: *Il est **déjà là**.*
Adverbiale Bestimmung	Umstandsbestimmung	le complément circonstanciel: *Catherine habite **à Arras**.*
Adverbialpronomen (§ 23)	Pronominaladverb, Umstandsfürwort	le pronom adverbial: ***en, y***
Artikel – **bestimmter** ~ (§ 9) – **unbestimmter** ~ – **nach Präpositionen bei Ländernamen** (§ 26)		l'article *m.* – ~ défini: ***le*** *voisin;* ***l'*** *ami;* ***la*** *voisine;* ***les*** *amis* – ~ indéfini: ***un*** *voisin;* ***une*** *voisine;* ***des*** *cartons* – ~ et les noms de pays: *Je vais **au** Danemark.*
Aussagesatz		la phrase déclarative: *Arthur est un perroquet.*
Bedingungssatz (§ 15, 16, 30)	Konditionalsatz	la proposition conditionnelle: *Si tu pars, je serai triste.* *Si tu m'aimais, je serais heureux.*
Bindung		la liaison (des mots): *des͜ amis*
Bruchzahlen (§ 17)		les fractions: ***les neuf dixièmes*** *des élèves*
Demonstrativbegleiter (§ 8)	adjektivisches Demonstrativpronomen	le déterminant/l'adjectif démonstratif: *Qui est **ce** garçon?*
Demonstrativpronomen (§ 8)	hinweisendes Fürwort	le pronom démonstratif: *Je veux **celui-là**.*
Endung (des Verbs)		la terminaison (du verbe): *nous part-**ons***
Entscheidungsfrage	Gesamtfrage/Ja-Nein-Frage	l'interrogation totale: *Tu dors?*
Ergänzung		le complément: *le livre **de mon frère**; Il parle **à mon frère**.* *Il regarde **mon frère**.* *Elle habite **à Arras**.*

Verwendete Bezeichnungen	Entsprechungen	Französische Bezeichnungen und Beispiele
Ergänzungsfrage	Teilfrage/Frage mit Fragewort/Wortfrage/ W-Frage	l'interrogation partielle: **Quand** est-ce que le train arrive? Tu t'appelles **comment**?
Est-ce que-**Frage**	Umschreibungsfrage	l'interrogation avec est-ce que: **Est-ce que** Luc a un skateboard? Quand **est-ce qu'**il vient?
Femininum	weibl. Geschlecht	le genre féminin: **une** amie
Fragesatz – direkter ~ – indirekter ~ (§ 15, 18)		la phrase interrogative: Qui est-ce? – ~ directe: Est-ce qu'elle viendra? – ~ indirecte: Je me demande si elle viendra.
Fragewort		le mot interrogatif: **Quelle** heure est-il?
Futur composé (**das**) (§ 12, 13)	Zukunftsform	le futur composé: Demain, je **vais regarder** la télé.
Futur I (das) (§ 12, 13, 16, 27)	Zukunftsform	le futur simple: Il **travaillera**.
Futur II (das) (§ 14)	Vorzukunft	le futur antérieur: Elle **sera rentrée**.
Genus (das)	(gramm.) Geschlecht	le genre: **un** ami; **une** amie
Grundzahlen	Kardinalzahlen	les nombres cardinaux: un, deux, ...
Hauptsatz (§ 15, 30)		la proposition principale: Si tu pars, **je serai triste**.
Hervorhebung		la mise en relief: C'est lui **qui** a gagné.
Imperativ (der) (§ 24) bejahter ~-satz verneinter ~-satz	Befehlsform	l'impératif m.: Ecoute; Disons; Répondez. la proposition impérative affirmative la proposition impérative négative
Imparfait (**das**)	Imperfekt	l'imparfait m.: Je ne **savais** pas.
Indikativ (der) (§ 34)	Wirklichkeitsform	l'indicatif m.: J'**espère** qu'il **dit** la vérité.
Indirekte Frage (§ 15, 18)	wiedergegebene Frage	l'interrogation indirecte: Il **veut savoir si** tu aimes le jaune.
Indirekte Rede (§ 18, 33)	wiedergegebene Rede	le style/le discours indirect: Elle **dit qu'**elle aime le jaune.
Infinitiv (der) (§ 20, 21, 25, 39)	Grundform	l'infinitif m.: **être, parler, répondre, savoir**
Intonationsfrage	Frage mithilfe der Satzmelodie	l'interrogation par intonation: Arthur est un perroquet?
Inversionsfrage	Frage durch Umstellung von Subjekt und Verb	l'interrogation par inversion du sujet: Où habites-tu?
Komparativ (der) (§ 5, 7)	erste Steigerungsstufe	le comparatif: Finesse est **plus** jolie **qu'**Arthur.
Konditional I (§ 27, 29, 30)	Bedingungsform	le conditionnel présent: J'**aimerais** vivre en France.
Konditional II (§ 28, 29, 30)		le conditionnel passé: Tu **aurais dû** le dire.
Konjugation	Beugung des Zeitwortes	la conjugaison: je vais, tu vas, etc.

Verwendete Bezeichnungen	Entsprechungen	Französische Bezeichnungen und Beispiele
Konjunktion (§ 39)	Bindewort	la conjonction: *Il vient **bien qu'il** ait peu de temps.*
Konsonant	Mitlaut	la consonne: *b; c; d; f; g, etc.*
Lautbild (vgl. Schriftbild)	=wie etw. ausgesprochen wird	le code phonique
Maskulinum	männl. Geschlecht	le genre masculin: ***un** ami*
Mengenadverb (§ 7)	Mengenwort	l'adverbe de quantité: *Il achète **beaucoup de** bananes.*
Modus (der) (§ 29, 34)	Aussageweise	le mode: ***Ecoute**. **Pourrais**-tu attendre? Elle veut que je **parte**. Le ciel **est** bleu.*
Nebensatz (§ 15, 30, 33)	Gliedsatz	la proposition subordonnée: ***Si tu pars**, je serai triste.*
Nomen	Substantiv/Namenwort/Hauptwort	le nom/le substantif: *le **voisin**, la **rue***
Numerus (der)	Zahl	le nombre: ***une** amie, **des** amies*
Objekt – direktes ~ – indirektes ~	Satzergänzung Akkusativobjekt Dativobjekt	le complément d'objet – ~ direct: *Julie regarde **Isabelle**.* – ~ indirect: *Elle pose une question **à Luc**.*
Objektpronomen (§ 20, 23, 24)	=Personalpronomen/ Fürwort als Satzergänzung	le pronom (personnel) objet: *Elle **le** cherche. Elle veut **lui** poser une question.*
Ordnungszahlen (§ 17)	Ordinalzahlen	les nombres ordinaux: ***le premier, la première***
Participe passé **(das)**	Partizip Perfekt/Partizip II/Mittelwort der Vergangenheit	le participe passé: ***joué, regardé***
Passé composé **(das)**		le passé composé: ***J'ai joué** au foot.*
Personalpronomen – verbundenes ~ – unverbundenes ~ (§ 23, 24)	persönliches Fürwort	le pronom personnel: ***tu; te; vous**, etc.* – ~ conjoint/atone: ***je; me; ils**, etc.* – ~ disjoint/tonique: ***moi; lui; eux**, etc.*
Plural	Mehrzahl	le pluriel: *les **cartons***
Plus-que-parfait **(das)** (§ 4)	Plusquamperfekt/ Vorvergangenheit	le plus-que-parfait: *J'**avais lu** encore un peu.*
Possessivbegleiter (§ 33)	adjektivisches Possessivpronomen/ besitzanzeigendes Fürwort	le déterminant/l'adjectif possessif: ***mon; ton; son** frère*
prädikative Verwendung (eines Adjektivs) (§ 2)		l'adjectif attribut: *Ta robe est **belle**.*
Präposition (§ 32)	Verhältniswort	la préposition: ***à** Paris; **avec** Arthur*
präpositionaler Ausdruck (§ 32)		la locution prépositive: *à côté de*

Verwendete Bezeichnungen	Entsprechungen	Französische Bezeichnungen und Beispiele
Präsens	Gegenwart	le présent: *Je m'**appelle** Catherine.*
Reflexivpronomen	rückbezügliches Fürwort	le pronom réfléchi: *Je **me** lave.*
Relativpronomen (§ 9, 18, 32)	bezügliches Fürwort, das einen Nebensatz einleitet.	le pronom relatif: *C'est une chanson **qui** me plaît beaucoup.*
Satzgefüge	Verbindung von einem Haupt- und Nebensatz	la phrase complexe (proposition principale + proposition subordonnée)
Schriftbild (vgl. Lautbild)	= wie etw. geschrieben wird	le code graphique
Singular	Einzahl	le singulier: ***un** voisin*
Stamm (des Verbs) (§ 36)		le radical: *nous **part**-ons*
Subjekt	Satzgegenstand	le sujet: ***Olivier** ne vient pas.*
Subjektpronomen	= Personalpronomen/ Fürwort als Satzgegenstand	le pronom (personnel) sujet: ***je; tu; il; elle; on; nous; vous; ils; elles***
Subjonctif (der) (§ 34–39)		le subjonctif présent: *Il faut **que je parte**.*
Superlativ (der) (§ 5, 7)	Höchststufe eines Vergleichs	le superlatif: *Paris est **la plus grande** ville de France.*
Teilungsartikel (§ 6)		l'article partitif: *Olivier achète **du** coca.*
Veränderlichkeit (des *Participe passé*) (§ 4, 14, 21, 28)		l'accord (du participe passé): *Patrick est arriv**é**. Lisa est arriv**ée**.*
Verb – regelmäßiges ~ – unregelmäßiges ~ – reflexives ~ – transitives ~ – intransitives ~	Zeitwort	le verbe: *être; regarder; attendre*, etc. – ~ régulier: *regarder; attendre*, etc. – ~ irrégulier: *être; mourir; suivre*, etc. – ~ pronominal: *se reposer*, etc. – ~ transitif: *Il a monté ses valises.* – ~ intransitif: *Il est monté dans le bus.*
Verneinung (§ 25)		la négation: *Je **ne** travaille **pas**.*
Vokal	Selbstlaut	la voyelle: *a; e; i; o; u; y*
Zeitenfolge (§ 33)		la concordance des temps: *Lisa **a dit** qu'elle **arriverait** à une heure et demie. Je ne **savais** pas qu'elle **était** déjà **partie**.*